Manfred Ehmer

Die Tabula Smaragdina

Text und Kommentar

Die Tabula Smaragdina
Band 20 der Reihe Edition Theophanie
Copyright © 2024 **Theophania Verlag**
Inhaber: Dr. Manfred Ehmer
Angerburger Allee 9, 14055 Berlin
E-Mail: manfred.ehmer@googlemail.com
Webseite: **https://www.manfred-ehmer.net**

Druck und Distribution: tredition GmbH,
Heinz-Beusen-Stieg 5, 22926 Ahrensburg

ISBN Softcover: 978-3-384-13675-6
ISBN Hardcover: 978-3-384-13676-3

Inhaltsverzeichnis

Die Tabula Smaragdina

Die *Tabula Smaragdina* des Hermes Trismegistos – wer kennt sie nicht? Die 15 kurzen, prägnanten Aphorismen, die – aus grauer Vorzeit überliefert – alle Weltgeheimnisse in sich tragen? Sie stellen den Kerntext aller abendländischen Esoterik dar. Sie waren die wichtigste Inspirationsquelle der mittelalterlichen Alchemisten, diese einmaligen Sentenzen, die dem großen Hermes Trismegistos zugeschrieben werden.

Es sind Aussagen, deren Sinn sich dem Lesenden nicht gleich mitteilt, die nur den in die Tiefe Schürfenden anspricht, deren Sinn nur durch Meditation erschlossen werden kann. Generationen von Esoterikern, Eingeweihten, Hermetikern, Alchemisten und Gottsuchern haben diesen einen Text, die Smaragdene Tafel des Hermes Trismegistos, ihren Überlegungen zugrunde gelegt, haben Weisheit aus ihm geschöpft, haben sich an seine Anweisungen gehalten, um das Große Werk, das *Opus Magnum* des spirituellen Aufstiegs zu vollbringen.

Ein Autor des 20. Jahrhunderts, Thorwald Dethlefsen, sieht zurecht in den magischen Sprüchen des Hermes die Grundlage jeder Esoterik überhaupt: „In diesen fünfzehn Thesen ist alles Wissen zusammengefasst, das dem Menschen jemals zugänglich ist. Der Text beschreibt die Schöpfung des Universums und gleichzeitig die Herstellung des Steins der Weisen."[1] Es ist überzeitliche Weisheit, die in den Sätzen der Tabula Smaragdina lebt. Daher sagte der große Magier und Okkultist Eliphas Levi in seiner *Geschichte der Magie*: „Ägypten erhebt die Magie zur Universalwissenschaft und formuliert sie als vollkommenes Dogma. Nichts übertrifft oder gleicht als Zusammenfassung aller Lehren der alten Welt jenen in kostbaren Stein gemeißelten und unter dem Namen *Tabula smaragdina* bekannten Lehrsätzen des Hermes"[2]

Ist es denn Magie, die in der Smaragdtafel des Thot-Hermes zum Ausdruck kommt? Oder Philosophie? Oder Esoterik? Alle diese Begriffe reichen nicht aus, die Weite und Tiefe der Smaragdenen Tafel zu ermessen. Tatsächlich handelt es sich bei ihr um einen verschlüsselten Text, dessen Sinn sich dem Lesenden nicht sogleich mitteilt. So schrieb St. Klossowski de Rola in seinem Buch *Die Alchemie – Die geheime Kunst*:

„Bei dem Versuch, die *Smaragdene Tafel* zu interpretieren, darf man sich keinesfalls zu voreiligen Schlüssen und vor allem nicht dazu verleiten lassen, ihre Aussage nur auf eine Ebene des Verstehens zu beschränken. Je tiefer man in die Prinzipien der alchemistischen Kunst eindringt, desto mehr nimmt das *intuitive* Begreifen, das 'innere Verstehen', zu. Das gilt natürlich für alle alchemistischen Texte, doch für diesen in besonderem Maße. Der Neuling ist zunächst fasziniert, dann wird er versucht sein, das Ganze als Kauderwelsch abzutun; wenn er jedoch hinreichend geduldig und demütig ist (…), wird der erste intuitive Funke in seinem Geist zünden und ihn zum Weitermachen ermutigen, bis er allmählich fähig ist, das Feine vom Groben und das Wahre vom Falschen zu trennen."[3]

Es hat schon Kommentatoren gegeben, die im Text der *Tabula Smaragdina* lediglich eine Gebrauchsanweisung zur Herstellung des Steins der Weisen sehen wollten, jenes magischen Universalmittels, das unedle Metalle wie Blei in Gold zu verwandeln vermag. Unsinnig wäre indessen die Vorstellung, dass der Stein der Weisen durch äußere Prozeduren und Operationen gewonnen werden könnte. Nein: Der Stein der Weisen, dieses Haupt-Arkanum der Alchemie, ruht vielmehr in unserem Inneren als unsere wahre, höhere Menschennatur!

Der Stein der Weisen meint dasselbe, was der Mystiker Meister Eckhart als das *Seelenfünklein* und die indischen Meister als das *Atman* bezeichneten: unser höheres, geistig-göttliches Selbst, das – wenn in rechter Weise erlöst – die Welt der Stofflichkeit durchlichtet und selbst die äußere physische Leiblichkeit unseres Körpers in eine höhere Geistleiblichkeit umwandelt. So und nur so ist die Aufforderung des Alchemisten Gerhard Dorn (16. Jahrhundert) zu verstehen: *Transmutemini in vivos lapides philosophicos* – Verwandelt euch in lebendige Steine des Weisen! –

So rätselhaft wie die Schrift selbst ist auch die Person ihres angeblichen Verfassers, des Weisen Hermes Trismegistos. Für K. O. Schmidt, einen sehr populären Neugeist-Autor und Vertreter der modernen Esoterik, war Thot-Hermes „der Begründer

der ägyptischen Kultur und der größte Erleuchtete
und Prophet der Völkerschaften des Nillandes",
und er dürfte seiner Meinung nach „etwa zu Beginn des ‚Alten Reiches‘, das die 1. bis 10. Dynastie
(3400–2100 v. Chr.) umfasste, gelebt und gewirkt
haben."[4] Aber tatsächlich ist eine historische Persönlichkeit dieses Namens nie identifiziert worden; dem ägyptischen Hermes liegt indes der Urgott *Thot* zugrunde.

Thot und Hermes sind identisch; und in der
Verschmelzung beider trat in der hellenistischen
Epoche Ägyptens Thot-Hermes als Mystagoge her-
vor; der Beiname *Trismegistos* bedeutet der Dreimal
Größte und war wohl eine Ehrenbezeugung. Aber
wer war nun dieser Hermes Trismegistos? Ein
Gott? Ein Mensch? Oder ein aus höheren Geistes-
Ebenen Herabgestiegener – das, was man im Budd-
hismus einen *Bodhisattva* nennt?

Viele Legenden ranken sich auch um die *Auffindung* der Tabula Smaragdina. Die einen sagen, Alexander der Große habe sie einst im Grab des Hermes gefunden; die anderen behaupten, Sarah – die
Frau Abrahams – habe sie in einer Höhle nahe He-
bron entdeckt. Es gibt auch einen Bericht des großen Thaumaturgen und Magiers *Apollonios von Tyana* (40–120 n. Chr.) darüber, wie er die Smaragdene
Tafel auffand; dieser möge hier einmal trotz seiner
Länge vollständig zitiert sein:

„Nun befand sich in meiner Heimat ein Stand-
bild aus Stein auf einer Säule aus Gold, auf der geschrieben stand: – Siehe, ich bin Hermes, der Dreifache an Weisheit, ich habe dieses Wunderzeichen
offenkundig vor aller Augen hingestellt, aber dann
durch meine Weisheit verhüllt, damit Niemand

dazu gelangt als ein Weiser gleich mir. – Auf der Brustseite des Standbildes aber war in der Ursprache geschrieben: – Wer die Geheimnisse der Schöpfung und die Darstellung der Natur kennen lernen will, der sehe unter meinen Fuß. – Aber die Leute verstanden nicht, was er damit sagte und pflegten unter seinen Fuß zu schauen, sahen aber nichts. Damals war ich noch schwach wegen meiner Jugend. Als ich aber meine Natur gekräftigt hatte, las ich, was auf der Brustseite der Bildsäule geschrieben war, dachte über das nach, was es besagte, und grub unter der Säule nach. Und siehe da, ich gelangte in eine unterirdische Kammer, gefüllt mit Finsternis (...). Da erwachte ich voller Freude, stellte ein Licht in ein Gefäß, wie mich mein Geistwesen geheißen hatte, und trat dann in die Kammer. Siehe, da fand ich einen Greis, der auf einem Thron aus Gold saß und in seiner Hand eine Tafel aus grünem Smaragd hielt, worauf geschrieben stand: ‚Dies ist die Beschreibung der Natur.' Und vor ihm war ein Buch, darauf war geschrieben: 'Dies ist das Geheimnis der Schöpfung und das Wissen von den Ursachen der Dinge.' Da nahm ich das Buch in aller Ruhe weg und verließ die Kammer."[5] Soweit der Bericht des Apollonios von Tyana. Im Folgenden bringe ich den vollständigen Wortlaut der *Tabula Smaragdina* des Hermes Trismegistos in deutscher Übersetzung:

- Es ist wahr ohne Lüge, gewiss und sehr wahr.
- Was das Untere ist, ist wie das, was das Obere ist. Und das, was das Obere ist, dient wie das, was das Untere ist, um die Wunder einer Sache zu Stande zu bringen.

- Und wie alle Dinge von einem her stammen, durch den Plan eines: so stammen alle geschaffenen Dinge von dieser einen Sache her durch Adoption.
- Sein Vater ist die Sonne, seine Mutter der Mond.
- Der Wind trug es in seinem Bauche, seine Nährerin ist die Erde.
- Es ist der Vater aller Vollendung der ganzen Welt, seine Tugend ist vollkommen, wenn es in Erde verwandelt worden.
- Trenne die Erde vom Feuer, das Subtile vom Dichten sukzessiv mit großer Geschicklichkeit.
- Es steigt von der Erde zum Himmel und steigt dann wieder zur Erde hinab und erhält die Kraft der Oberen und Unteren.
- So hast du den Ruhm der ganzen Welt.
- Daher wird von dir fliehen jegliche Finsternis.
- Das ist aller Stärke Stärke, weil sie jede subtile Sache besiegt und jede feste durchdringt.
- So ist die Welt erschaffen.
- Daher stammen die wundersamen Anpassungen, deren Maß dieses ist.
- Deswegen heiße ich der dreimalgroße Hermes, der ich habe drei Teile der Philosophie der ganzen Welt.
- Es ist vollendet, was ich vom Wirken der Sonne gesagt habe.[6]

Nachdem die *Tabula Smaragdina* von dem Magier Apollonios von Tyana im 1. Jahrhundert n. Chr. aufgefunden worden war, gelangte sie später in die Hände des Priesterarztes Sergios von Ris-

Aina (6. Jahrhundert n. Chr.), der den Text aus dem Altsyrischen ins Lateinische übersetzte. In lateinischer Fassung ist die Smaragdene Tafel in Europa mindestens seit dem 11./12. Jahrhundert n. Chr. bekannt, denn aus dieser Zeit stammt ein ebenfalls in lateinischer Sprache verfasster Kommentar hierzu von einem Mönch namens Hortulanus. Aber die eigentlichen Einweihungs-Schriften des Hermes Trismegistos, alle in Griechisch verfasst, blieben dem Mittelalter unbekannt; erst die Renaissance brachte sie zutage. Im Mittelpunkt dieser Schriftensammlung steht das dem Hermes Trismegistos zugeschriebene *Corpus Hermeticum*.

Das Corpus Hermeticum

Das *Corpus Hermeticum* bildet inhaltlich ein organisches Ganzes: Es enthält einen Weltschöpfungsmythos, eine Anthropologie und einen Seelen-Erlösungs-Weg; eine Bekehrungspredigt, eine „Bergpredigt" gar und mehrere Hymnen mystisch-religiösen Inhalts, daneben aber auch eher philosophische Dialoge im Stil Platons. In den Dialogen treten als Gesprächspartner Hermes, Tat und Asklepius auf – die beiden letzteren aber bloß als Fragende; Tat (hergeleitet von Thot?) scheint der leibliche Sohn des Hermes Trismegistos zu sein. Aber die stark an Platon erinnernde Sprache, auch die Übernahme einige seiner Philosopheme, wie insbesondere der Ideenlehre, darf nicht den Eindruck aufkommen lassen, das Corpus Hermeticum sei ein philosophischer Text, philosophisch im akademischen, schulmäßigen Sinn. Wir haben es hier vielmehr mit einem nur äußerlich philosophischen (und auch dies nur an einigen Stellen), im Wesenskern aber eindeutig mystischen Text zu tun, mit der kanonischen Schriftensammlung einer mystisch-gnostischen Geheimreligion. Worum aber geht es im Corpus Hermeticum?

Der Satz von der Einheit allen Seins, auch der Haupt- und Kernsatz der Alchemie, durchzieht die Schriftensammlung des Corpus Hermeticum. Die Hermetik ist eine Philosophie des Lebendigen und der All Einheit, und sie stellt den Gedanken der Identität von Ich, Welt und Gott in ihren Mittelpunkt. Es ist in dieser Sicht ein Irrtum anzunehmen, das Ich sei eine isolierte, von der Welt losgelöste Wesenheit. Denn eigentlich sind Ich und Welt eins; nur Irrtum und Verstrickung hindern es daran, dies zu erkennen. Und wenn das Ich sein Eins-Sein mit der Welt erkannt hat, dann hat es auch die Einigung mit dem All-Gott vollzogen, der im Sinn der Hermetik nicht als ein transzendenter Schöpfergott, sondern als ein immanenter Weltengott aufgefasst wird. Deshalb sind nach Professor G. Quispel, Utrecht, alle Schriften der Hermetik nur verschiedene Variationen über das Thema: *„Wer sich selbst kennt, kennt das All"*.

Erkenne dich selbst, griechisch γνῶθι σεαυτόν, so soll die Inschrift auf dem Tempel des Apollon-Orakels zu Delphi gelautet haben. Wahre Selbsterkenntnis geschieht nach den Lehren der Hermetik nur durch All- und Kosmos-Erkenntnis, die zugleich auch die wahre Gott-Erkenntnis bedeutet! Gott-Erkenntnis nicht im Sinne von theoretischer Reflexion, sondern als ein wesensmäßiges Einswerden mit Gott. Ein solcher Weg der Selbst-, All- und Gott-Erkenntnis wird nicht nur in der hermetischen Philosophie gewiesen, sondern auch im Neuplato-

nismus sowie in der mystischen Geheimlehre des Hinduismus, die in den ab 800 v. Chr. entstandenen Upanishaden schriftlich niedergelegt wurde. Der Zentralgedanke der Upanishaden ist die wesensmäßige Einheit des *atman* mit dem *brahman*, der Einzelseele mit der Universalseele und Weltengottheit.

In der *Brihad-Aranyaka-Upanishad* heißt es: „Nur das Brahman war hier am Anfang. Dies kannte nur sich selbst: ‚Ich bin Brahman'. Darum wurde es zu der ganzen Welt. Wer immer von den Göttern das erkannte, der wurde dazu (zur ganzen Welt), ebenso ist es bei den Rishis, ebenso bei den Menschen. (...) Darum wird auch jetzt der, der so weiß: ‚ich bin Brahman', zur ganzen Welt."[7]

Die Identität von *atman* und *brahman* – das ist im Grunde genommen ganz und gar „hermetisch" gedacht. Zusammen mit den Upanishaden und dem Tao-te-king des Lao-Tse, mit den Schriften Plotins, der mittelalterlichen Mystiker und der islamischen Sufis zählt das Corpus Hermeticum des Hermes Trismegistos zu den Grundtexten der mystischen Weltliteratur.

Die erste Druckausgabe des Corpus Hermeticum fällt mitten in die Hochblüte der italienischen Renaissance hinein, in das Jahr 1471: eine Übersetzung des griechischen Urtextes ins Lateinische, die auf Geheiß des Fürsten Cosimo de Medici von Marsilio Ficino (1433–1499), dem allseits anerkannten Haupt der Platonischen Akademie von Florenz, angefertigt wurde. Ficinos Übersetzung muss damals in Europa eine wahre Welle der Hermes-Begeisterung ausgelöst haben, eine Wiedergeburt des esoterischen Hermetismus. So wird im *Tractatus quae dicitur Thomae Aquinatis de Alchemia* (1520) Hermes Trismegistos als Psychopompos, als Seelenführer im Totenreich, zitiert. Auf ihn beruft sich auch Agrippa von Nettesheim in seinem Hauptwerk *Occulta Philosophia* (1530–1533).

In der Kathedrale von Siena findet sich eine Phantasie-Darstellung des Hermes Mercurius Trismegistos, und die Inschrift darunter nennt ihn einen *contemporeanus Moysei*, einen Zeitgenossen des Moses. Das Mosaik datiert aus dem Jahr 1488. Seit seiner Wiederentdeckung und Neuherausgabe durch Marsilio Ficino wurde das *Corpus Hermeticum* in alle europäischen Hochsprachen übersetzt, ins Englische (1650), ins Französische (1866) und ins Deutsche (1706). Nachhaltig wirkten die hermetischen Gedankengänge auf die frühe Rosenkreuzer-Bewegung ein. Das *Rosarium Philosophorum* (1550) beruft sich auf Hermes den Dreimalgrößten; die französischen Rosenkreuzer hatten als Initiationsritus einen *rite hermetique*. Auch die *Societas Rosicrucianum in Anglia* vergab einen Hermetischen Grad.

Es gibt zwei wesentliche Grundgedanken im *Corpus Hermeticum*. Einer davon besagt, dass der

Mensch den Göttern des Alls nicht nur gleich und ebenbürtig sei, sondern ihnen sogar überlegen; denn keiner der Götter steigt hinab in die Tiefen der Materie, und keiner durchmisst die Weite des Himmels so wie der Mensch: „Denn der Mensch ist ein wahrhaft göttliches Wesen; er kann nicht mit all den anderen Lebewesen auf der Erde, sondern allein mit den Göttern im Himmel verglichen werden. Ja, um die Wahrheit geradewegs ohne Furcht auszusprechen, der Mensch im eigentlichen Sinne steht sogar noch über den Göttern des Himmels, oder zumindest gleicht er in jeder Hinsicht ihrer Wirkmacht. Denn keiner der Götter des Himmels wird je den Himmel verlassen, seine Grenzen überschreiten, und hier auf die Erde herabkommen. Aber der Mensch steigt zum Himmel hinan, um ihn zu durchmessen, und was noch mehr ist als all dies, er besteigt den Himmel, ohne die Erde dabei zu verlassen; so groß ist die Entfernung, über die er seine Macht auswirkt. Wir dürfen nicht davor zurückschrecken, zu sagen: Der Mensch auf Erden ist ein sterblicher Gott, und ein Gott im Himmel ein unsterblicher Mensch!"[8]

Ein weiterer Grundgedanke aus der Einweihungslehre des Hermes Trismegistos besagt, dass „Gleiches nur von Gleichem" erkannt werden kann: „Und bevor du nicht selbst gottgleich geworden bist, wirst du Gott nicht erkennen können, denn Gleiches kann nur von Gleichem erkannt werden. Frei von allem Körperlichen sollst du voranspringen, und heranwachsen sollst du zu einer Größe, die jenseits allen Maßes liegt; über die Zeit sollst du dich erheben und ewig sollst du werden – und dann wirst du Gott erkennen. Denke stets daran, dass für dich nichts unmöglich ist: halte dich für unsterblich und fähig, alles mit deinem Geist zu erfassen, jedwede Kunst und Wissenschaft zu kennen; finde dich am Wohnort jedes Lebewesens zuhause; mache dich höher als alle Höhen und tiefer als alle Tiefen; bringe in dir alle Gegensätze der Qualitäten zusammen (....) ergreife in deinem Geist all dies zusammen; und dann wirst du Gott erkennen."[9]

Um zu einer solchen gnostischen Erkenntnis Gottes hinzuführen, weist Hermes Trismegistos einen Weg der alchemistischen Transmutation, auf dem die physische Leiblichkeit des Menschen schrittweise umgewandelt wird in eine Geistleiblichkeit; am Ende dieses Weges steht die vollkommene Gottwerdung des Menschen. Aus dem Blei des physischen Leibes soll das Gold des künftigen Geistleibes herausgeläutert werden: darin besteht jene esoterische Alchemie, die das eigentliche Zentrum der hermetischen Einweihung darstellt; der Stein der Weisen, der die Umwandlung zustande bringt, ist der *Nous* als der ewige unsterbliche Geist des Menschen. Hierbei geht es nicht etwa um eine Überwindung, sondern um eine Transformation der Materie, die durch Vergeistigung geläutert, befreit, spiritualisiert, gottgleich gemacht werden soll.

Die Veredelung der Metalle und die Gewinnung von Gold stellt nur die äußere labortechnische Seite der Alchemie dar, die den inneren Prozess der Selbst-Transformation des Menschen symbolisch widerspiegelt. Doch kann das Äußere nicht ohne das Innere, die exoterische nicht ohne die esoterische Alchemie verstanden werden; die Läuterung des Stoffes und die Veredelung der Metalle ist nicht möglich ohne Selbst-Veredelung. Die Hermetik erstrebt eine Selbstveredelung des Menschen durch Geist- und Gottwerdung: aus dem Schoß der dunklen Materie soll der künftige Gottmensch geboren werden. In der Alchemie geht es um das Stoffgeheimnis, um das Mysterium der Materie – die nichts anderes ist als „verdichteter Geist".

Die Alchemie als Mysterienschulung

Unter *Alchemie* wird im allgemeinen die Kunst der Goldgewinnung verstanden, eine bestimmte – meist im Geheimen ausgeübte – experimentelle Praxis, die letztlich auf die Verwandlung und Veredelung physischer Stoffe abzielt. Aber die Umwandlung der Stoffe stellt nur die äußere Seite der Alchemie dar. In Ihrem inneren esoterischen Sinngehalt nach ist die Alchemie ein Schulungs- und Einweihungsweg, der das Aufsteigen der Menschenseele zu einem umfassenden All-, Geist- und Gottbewusstsein ermöglichen soll. Auch lebt in der Alchemie noch eine uralte babylonisch-chaldäische Sternenweisheit fort, denn der Mikrokosmos des menschlichen Erdendaseins wird immer in Verbindung mit dem Makrokosmos des großen Weltenalls gesehen; demzufolge betrachtet die Alchemie den Aufstiegs-Weg des Menschen zu seinem geistigen Ursprung als einen Durchgang durch die verschiedenen Planeten-Sphären.

Der Aufstieg des Menschen durch die Planeten-Sphären findet seine irdische Entsprechung in der stofflichen Transformation, genauer, in der Kunst der Metallumwandlung. Darin besteht der eigentliche alchemistische Umwandlungsprozess: Aus Blei/-Saturn soll Gold/-Sonne gewonnen werden! Das bedeutet, ins Esoterische gewendet: Aus der

Bleischwere der Grobstofflichkeit soll das Gold des göttlichen Sonnen-Bewusstseins herausgeläutert werden! Die Alchemisten waren durchaus Goldsucher; allein im Mittelpunkt ihres Suchens stand nicht so sehr das äußere Gold, sondern viel mehr das innere Gold, das symbolisch so viel wie die innere Sonne oder das göttliche Selbst bedeutet. *Aurum nostrum non est aurum vulgi* lautete daher die Devise der Alchemisten: „Unser Gold ist nicht das gewöhnliche (materielle) Gold."

Lange Zeit hat man die Alchemie nur für eine primitive embryonale Vorform der Chemie gehalten, ohne zu erkennen, dass die uralte *Königliche Kunst*, wie man die Alchemie auch nannte, einen Weg der geistigen Schulung darstellt. Dieser naiv-ahnungslosen Sicht gilt es das entgegenzustellen, was Alexander von Bernus in seinem Buch *Alchymie und Heilkunst* schreibt: „Der Hintergrund der Alchymie ist Einweihung, ist eine über Jahrtausende hinreichende Mysterienschulung: in vorchristlichen Zeitaltern aus der Seelenlage ägyptisch-chaldäisch-hellenistischen Weltzugehörigkeitsbewusstseins, später aus dem Orient über die arabische Kulturwelt in das Abendland einfließend, wird sie tingiert von der Substanz des Christentums. Gewiss steht die Transmutationsidee im Mittelpunkt des alchymistischen Einweihungsweges, doch nicht die der Verwandlung der Metalle, sondern der innere mystische Transmutationsprozess, wovon die äußere chemisch-physikalische Metallumwandlung nur die innerhalb des Materiellen sichtbar und real gewordene Erscheinungsform ist."[10]

Die Alchemistische Kunst trägt etwas zutiefst Geheimnisvolles, Sphinxhaftes an sich, und die Ursprünge dieser Kunst verlieren sich im Dunkel fernster Vergangenheit. Die Alchemie ist eigentlich eine *Phiilosophia perennis* oder *Ewige Philosophie*, denn es hat sie schon immer da gegeben, wo der Mensch durch eine geistig erweiterte Natur- und Kosmos-Erkenntnis zu einer bewussten Handhabung der Schöpfungskräfte gelangt.

Alchemie ist ja nichts anderes als: Beherrschung des Stoffes durch den Geist! Die Stoff-Beherrschung und Stoff-Transformation durch die Kraft des Geistes werden im allgemeinen Sinn auch als Magie bezeichnet, und insofern können auch der magische Taoismus im alten China, der tibetanische Tantrismus und diejenigen indischen Yoga-Systeme, die auf die Erlangung übersinnlicher Fähigkeiten (*siddhis*) ausgehen, als außereuropäische Formen der Alchemie betrachtet werden. Aber nicht nur in China, Tibet und Indien wurde die hohe und heilige Kunst der Stofftransformation gelehrt, sondern auch in Griechenland und Ägypten; überall aber galt sie als ein geheiligtes Priesterwissen, das strenger Geheimhaltung unterlag.

Die Ursprünge der Alchemie gehen in älteste Zeiten zurück, vielleicht gar bis auf Atlantis; und als geheime Kunst hoher Magie wurde sie von den Weisen aller Zeiten gehütet. Aber als abendländische Mysterienschulung tritt sie erst in der Spätantike auf, ausgehend von der oberägyptischen Stadt Alexandria. Von dort aus wirkt sie im Laufe des 2. bis 4. Jahrhunderts n. Chr. in die ganze jüdisch-hellenistische Geisteskultur der östlichen Mittelmeerwelt hinein. Im Jahr 296 n. Chr. verfügte der Kaiser Diocletian, dass alle Bücher über Goldmacherei verbrannt werden sollten: ein Beweis für das

Vorhandensein alchemistischer Praktiken im Römischen Imperium!

Nach dem Niedergang Alexandrias wurde die Alchemie von den Arabern übernommen, und erst über den Umweg des Arabertums, speziell über das maurische Spanien mit Toledo als geistigem Mittelpunkt, gelangte sie im 11./12. Jahrhundert in den westlich-abendländischen Kulturbereich. Dort wirkte sie weiter fort über das Ende des Mittelalters hinaus bis in den Beginn der Neuzeit. Als prominente Alchemisten werden genannt unter den Arabern: Dschabir, Rhasis, Ibn Sina (Avicenna), im christlichen Mittelalter: Albertus Magnus, Roger Bacon und Raymundus Lullus.

Gegen Ende des Mittelalters sehen wir die Alchemie zu einer reinen Goldkocherei herabsinken, aber während der Renaissance erlangte sie eine geistige Wiedergeburt, obgleich ihr Jakob Burckhardt in Italien „nur eine untergeordnete Rolle" zugesteht: „Die Adeptenmystik, welche außer dem Gold noch den allbeglückenden Stein der Weisen suchte, ist vollends erst ein spätes nordisches Gewächs, welches aus den Theorien des Paracelsus usw. emporblüht."[11]

Das Große Werk der Alchemie, das *Opus Magnum*, gipfelt natürlich in der Herstellung des Steins der Weisen (*lapis philosophorum*) und damit auch in der „Goldgewinnung", das heißt: in der Veredelung der Stofflichkeit; und da das Vermögen hierzu letztlich im Menschen selbst liegt, bedeutet das Große Werk der Alchemie, wie später der französische Okkultist Eliphas Levi (1810–1875) schreibt, „vor allem die Erschaffung des Menschen durch ihn selber, das heißt die volle und gänzliche Inbesitznahme seiner

Fähigkeiten und seiner Zukunft; es ist insbesondere die vollkommene Befreiung seines Willens ..."[12]

In der *Fama Fraternitatis Rosae Crucis*, einer frühen Rosenkreuzer-Schrift aus dem Jahr 1614, lesen wir: „Was aber zu unserer Zeit das gottlose und verfluchte Goldmachen betrifft, das so sehr überhand genommen hat, so ist zu sagen, dass viele dahergelaufene Lecker eine große Büberei damit treiben, indem sie die Neugierde und die Glaubwürdigkeit vieler missbrauchen. Selbst bescheidene Personen halten dafür, dass die Verwandlung der Metalle höchster Zweck und Ziel der Philosophie wäre, um die es allein ginge, und derjenige Gott besonders lieb sein müsse, wenn er möglichst große Goldmassen und Klumpen machen könnte. Dabei hoffen sie Gott, den allwissenden Herzenskündiger, durch unbedachtes Bitten und durch Selbstquälerei zu bereden. So bezeugen wir hiermit öffentlich, dass solches falsch und es mit den wahren Philosophen so beschaffen ist, dass ihnen Gold zu machen ein Geringes und nur ein Parergon (Nebenwerk) ist, derengleichen sie wohl noch etliche Tausend bessere Stücklein haben."[13]

Die Alchemie in ihrer wahren und ursprünglichen Bedeutung, nicht die dekadente Goldkocherei der spätmittelalterlichen Alchemisten, stellt etwas durchaus Zukunftsweisendes dar. In ihrem Mittelpunkt stand das Stoffgeheimnis, und für die eingeweihten Arkanen-Schüler der Alchemie war Stoff nichts anderes als verdichteter Geist, eine Chiffrenschrift Gottes. Als arkanologische Wissenschaft bedeutet Alchemie somit Naturforschung und Naturwissenschaft aus dem Geist göttlichen Schöpfungswissens, eine spirituelle Naturwissenschaft, in der

sich Selbsterkenntnis, Naturerkenntnis und Gott-
erkenntnis zu einer untrennbaren Einheit zusam-
menschließen. Denn den Schlüssel zum Mysterium
des Stoffes, zur Chymischen Hochzeit von Natur
und Geist, bildet immer noch das alte und urewige
γνῶθι σεαυτόν – *Erkenne Dich Selbst*.

Die arabischen Hermetica

Nach Europa kam die Alchemie nur über einen Umweg, über das Arabertum. Während griechische
Philosophie und Wissenschaft in Europa zwischen
dem 6. und 12. Jahrhundert fast völlig in Verges-
senheit geriet, wurde sie von den Jüngern Moham-
meds nicht nur gepflegt, sondern auch über alle
Gebiete des arabischen Weltreiches verbreitet. So
geriet auch die Alchemie zunächst in arabische
Hände. Der erste Förderer dieser Geheimen Kunst
war Prinz Khalid Ibn Yazid, Sohn des Kalifen, der
von Morienus, einem christlichen Asketen aus Alexandria, in die Alchemie eingeführt wurde.

In allen Zentren arabischer Kunst und Wissenschaft wurden Alchemie und griechische Philosophie gepflegt. Der Arzt und Philosoph Avicenna
(eigentlich Ibn Sina, 980–1037), ein großer Aristo-
teles-Kenner, stand in dem Ruf, die Alchemie zu
betreiben. Er sollte zu einem der großen Lehrer des
Abendlandes werden, in der Philosophie wie auch
in der Medizin; denn seit der Rückeroberung des
maurischen Spanien durch die Kreuzritter im 11.
Jahrhundert kam die Christenheit erstmals mit der
geistig weitaus höher stehenden Weisheit der Ara-
ber in Berührung.

Eine rege Übersetzertätigkeit setzte ein, die dazu
führte, dass auch alchemistische Werke ins Lateini-

sche übertragen und damit dem Abendland zugänglich gemacht wurden. Erzbischof Raymond von Toledo richtete gar ein Übersetzer-Kollegium ein, und so wurde Toledo zu einer Art Drehscheibe zwischen maurischer und christlicher Kultur.

Tatsächlich hat Hermes Trismegistos bei den Arabern eine wichtige Rolle gespielt, die ihn als Verfasser philosophischer, astronomischer und medizinischer Bücher sahen; Masala (um 800 n. Chr.) behauptet, 24 astrologische Werke von ihm zu kennen. Einige der arabischen Hermetica wurden schon im Mittelalter ins Lateinische übertragen und von Albertus Magnus in seinem *Speculum astronomicum* benutzt, sodass der Name des Hermes als eines großen Weisen der Vorzeit dem Abendland übermittelt wurde. Zu den arabischen Autoren, die den nachhaltigsten Einfluss auf die westliche Alchemie ausübten, zählt Johannes Geber, eigentlich Dschabir Ibn Hayyan, geboren um 721.

Während sich im *Corpus Hermeticum* noch keine Anzeichen eines eigenen Kultes erkennen lassen, gab es im arabischen Raum offensichtlich organisierte Kultgemeinden gnostischen Charakters, die sich auf die Offenbarungen des Hermes Trismegistos beriefen und heilige Bücher unter seinem und des Agathos Daimon Namen besessen haben. Gemeint ist die mesopotamische Gemeinde der Sabier oder Harraniter, die bis tief in die islämische Zeit hinein bestanden hat. Der arabische Autor Abd Allatif behauptet, er habe in den heiligen Schriften der Sabäer gelesen, dass eine Pyramide von Gizeh das Grabmal des Agathodaimon sei und die andere das des Hermes.

Im Islām war Hermes Trismegistos unter dem

Namen *Idris* bekannt (siehe Koran Sure 19,54 und
21,85); Idris ist jedoch derselbe wie der alttesta-
mentliche *Henoch*. In Enoch, wie man ihn auch
nennt, sehen wir einen der ältesten Verwahrer göttlichen Wissens; und auf ihn geht die hermetische
Tradition als auf ihren eigentlichen Urvater zurück.
Der biblische Henoch (hebr. der Kundige, Wissende,
Eingeweihte), der Vater Methusalems und Großvater Noahs, wird bereits in der Genesis erwähnt als
ein Patriarch, um dessen Weisheit sich viele, teilweise auch nichtjüdische Legenden ranken. In der
Reihe der babylonischen Urkönige entspricht ihm
Emmenduranki. Er galt als Erfinder der Rechenkunst,
der Schrift, der Astronomie, verfügte über magische
Fähigkeiten und fuhr wie Elias in den Himmel auf.
Kein Wunder, dass dieser Hocheingeweihte aus
frühester Zeit zur Hauptperson des Wunderglaubens bei Juden, Christen und Muslimen wurde.

Da sich die esoterischen Traditionen Ägyptens
nach der islāmischen Eroberung im Jahre 641 n. Chr.
an das Arabertum forterbten, so wollen wir hier einmal die Meinung des arabischen Gelehrten aus dem
15. Jahrhundert, Muhammad al-Makrizi, anführen.
Dieser vertrat die Ansicht, dass die Pyramiden „nur
vor der Sintflut erbaut" sein konnten, und als Erbauer nennt er keinen Geringeren als den biblischen
Henoch, den er auch den „ersten Hermes" nennt:
„Es gibt Leute, die sagen: Der erste Hermes, welcher
der Dreifache in seiner Eigenschaft als Prophet, König und Weiser genannt wurde (es ist der, den die
Hebräer Henoch, den Sohn des Jared, des Sohnes
des Mahalalel, des Sohnes des Kenan, des Sohnes
des Enos, des Sohnes des Seths, des Sohnes Adams
– über ihm sei Heil – nennen, und das ist Idris), der

las in den Sternen, dass die Sintflut kommen werde. Da ließ er die Pyramiden bauen und in ihnen Schätze, gelehrte Schriften und alles, worum er sich sorgte, dass es verloren gehen und verschwinden könnte, bergen, um die Dinge zu schützen und wohl zu verwahren."[14]

Der arabische Autor Albumazar (787–886), Verfasser der verloren gegangenen Schrift *Kitab al-Uluf*, spricht sogar von drei Hermes', die das spirituelle Urwissen durch die Zeitalter getragen hätten, und zwar von der frühesten vorsintflutlichen Zeit an bis in die Glanzzeit Ägyptens. Der erste Hermes sei ein Enkel Adams gewesen und hätte vor der Sintflut gelebt; den Hebräern war er als Henoch bekannt. Um das geistige Wissen seiner Zeit vor dem Untergang in der Flut zu bewahren, habe er es in Stein meißeln lassen (nach einer Freimaurer-Legende in Form von zwei Säulen). Der zweite Hermes habe dieses Wissen nach der Sintflut wiederbelebt; der dritte Hermes schließlich habe in Ägypten gelebt und sei der Lehrer des Asklepios gewesen.

Damit haben wir eine Kette von geistigen Lehrern vor uns, und der letzte, der ägyptische Hermes erscheint als der Sachwalter und Wiederbeleber eines uralten Wissen, das bis auf die Goldene Zeit vor der Sintflut (bei Platon: *Atlantis*) zurückgeht. Das ist im eigentliche Sinne die hermetische Tradition; die Hermetik hat immer den Charakter einer *philosophia perennis* (Ewigen Philosophie) gehabt.

Es gab auch arabische Autoren, die behauptet haben, auf wundersame Weise in den Besitz der Tabula Smaragdina gekommen zu sein. Im Buch Krates des Weisen berichtet der Autor, wie er in den Besitz seiner Weisheit gekommen ist: er wurde in den

Himmel entrückt, wo er „wandelte mit der Sonne und dem Mond"[15]; dort sah er einen ehrwürdigen Greis auf einem Thron sitzen mit einer Tafel in der Hand. Die Tafel enthielt alles Wissen, das der Menschheit seit den Tagen der Sintflut verloren gegangen war. Ähnlich die Auffindung der heiligen Smaragdenen Tafel durch *Balinus* (Pseudo-Apollonios von Tyana), der zwar nicht in den Himmel entrückt wird, sondern in eine verborgene unterirdische Kammer gerät, auch diese ein Ort der Einweihung. Und dort begegnet er einem Greis, der sich als Verwahrer uralten Wissens zeigt; eindeutig ist Hermes Trismegistos gemeint.

Alles Magische, Okkulte, was im Mittelalter umläuft, stammt mehr oder minder aus arabischen Quellen. Bekannt ist das Zauberbuch *Picatrix*, das gleich fünf Personen namens Hermes kennt; im Übrigen ist Picatrix der lateinische Name des um 1055 verfassten Buches *Ġāyat al-ḥakīm wa aḥaqq al-natīǧatain bi-'l-taqdīm* („Das Ziel des Weisen und die des Vorrangs würdigere der beiden Künste"), einer arabischen Kompilation von Texten zum Thema der Magie, Astrologie und Talismankunde. Der Text entstand im maurischen Spanien und wurde 1256 im Auftrag von Alfons dem Weisen ins Spanische übersetzt. Er beeinflusste bedeutende Vertreter der westlichen Esoterik wie Trithemius und Heinrich Cornelius Agrippa von Nettesheim.

Auch die *Tabula Smaragdina* gehört zu den arabischen Hermetica. Zu Anfang des 20. Jahrhunderts waren nur lateinische Übersetzungen der Tabula bekannt, bis der englische Historiker Eric John Holmyard (1891–1959) und der Orientalist Julius Ruska (1867–1949) die ersten Fassungen in arabischer Sprache entdeckten. Von der *Tabula Smaragdina* sind ca. zwanzig Übersetzungen aus dem Mittelalter überliefert. Die älteste Fassung ist im Anhang zu dem Traktat *Secretum secretorum* in einer Kopie von 825 erhalten. Diese Schrift wurde zu Anfang des 12. Jahrhunderts zum ersten Mal durch den Übersetzer Hugo von Santalla aus dem Arabischen ins Lateinische übertragen. Die zweite, gekürzte lateinische Übersetzung von 1140 mit dem Titel *Secretum Secretorum* stammt von Johannes Hispalensis; ihr folgte eine längere Textübersetzung durch Phillip von Tripoli. Eine dritte lateinische Übersetzung ist in einem Alchemie-Traktat enthalten, der wohl im 12. Jahrhundert verfasst worden ist.

Die hermetischen Meister

Die Meister des Ostens, *Mahatmas* genannt, entsprechen jenen Geistwesen, die in der christlichen Religion als Heilige oder Nothelfer, im Buddhismus als Bodhisattvas bezeichnet werden – sie sind Freunde, Helfer und Förderer, Wegbegleiter der Menschheit auf ihrer Pilgerreise zum ewigen Licht.

Den Meistern des Ostens steht, als wesenhafte Ergänzung, die – stets im Geheimen arbeitende – *Hermetische Bruderschaft des Westens* gegenüber, der auch ein Geisteslehrer wie Christian Rosencreutz angehörte. Im alchemistischen Schrifttum wird immer wieder auf die Existenz von hermetischen Meistern verwiesen, die oft als übernatürliche, ja halbgöttliche Wesen geschildert werden. Sie gleichen den indischen Yogis und Adepten, da sie über alle Beschränkungen von Raum und Zeit hinausgewachsen sind und materiellen oder physikalischen Gesetzen nicht mehr unterstehen.

In seiner *Geschichte der hermetischen Philosophie* (1742) weiß Langlet du Fresnoy von jenen sagenhaften Meistern der Hermetik folgendes zu berichten: „Sie sind weder dem Hunger noch dem Durst, weder dem Alter noch irgendwelchen anderen natürlichen Beschwerden unterworfen. Sie erkennen durch unmittelbare Offenbarung, wer würdig ist, in ihre Gesellschaft aufgenommen zu werden. Sie können in jeder Epoche so leben, als ob sie seit dem Anfang der Welt existiert hätten und bis zum Ende der Jahrhunderte bleiben sollten. Sie vermögen die mächtigsten Geister und Dämonen zu bezwingen und sich dienstbar zu machen."[16]

Der berühmte Magier und Alchemist Cagliostro (1743–1795), der selbst der hermetischen Bruderschaft angehörte, sagt von sich: „Ich gehöre keiner Zeit und keinem Orte an; außerhalb von Zeit und Raum lebt mein Geistwesen seine ewige Existenz; und wenn ich mich in meine Gedankenwelt vertiefe, den Lauf der Jahrhunderte zurückverfolge und meinen Geist in eine Seinsweise versetze, die weit entfernt von derjenigen ist, die ihr wahrnehmt, werde ich, was ich sein will. Da ich bewusst am absoluten Sein teilhabe, passe ich meine Handlungsweise der Umgebung an, die um mich ist; mein Land ist dasjenige, in dem ich augenblicklich den Schritt anhalte ... Ich bin derjenige, der ist ... frei und Herr des Lebens. Es gibt Wesen, die keine Schutzengel mehr haben: Ich bin eines von ihnen."[17]

Die Ähnlichkeit dieser hermetischen Meister mit den Mahatmas des Ostens – auch sie Erleuchtete, Halbgötter, übernatürliche Wesen – fällt deutlich genug ins Auge. Vielleicht gibt es sie ja tatsächlich, diese geheime Bruderschaft von Wissenden, zum

Seite 30

göttlichen Licht Aufgestiegenen, die ihre Aufgabe darin sehen, den von ihnen beschrittenen Weg zum Heil auch der restlichen Menschheit zu weisen. Und vielleicht hatte Johann Wolfgang von Goethe gerade diese hermetischen Meister im Sinn gehabt, als er in einem seiner schönsten Logengedichte, es nennt sich *Symbolum*, von den „Stimmen der Meister" sprach, die uns „von drüben" rufen:

> Doch rufen von drüben
> Die Stimmen der Geister,
> Die Stimmen der Meister:
> Versäumt nicht zu üben
> Die Kräfte des Guten.
> Hier winden sich Kronen
> In ewiger Stille,
> Die sollen mit Fülle
> Die Tätigen lohnen!
> Wir heißen euch hoffen.[18]

Die Loge der hermetischen Meister ist in den Ländern des Westens unter dem Namen *Hermetische Bruderschaft des Lichts* oder *Hermetische Bruderschaft von Luxor* bekannt geworden. Madame Blavatsky hat schon in ihrem monumentalen Erstlingswerk *Isis entschleiert* auf diese im Geheimen arbeitenden hermetischen Meister hingewiesen, die sie nach einem Zeugnis des Freimaurers K. R. H. Mackenzie beschreibt als eine „geheime Bruderschaft, die seit sehr alter Zeit bestanden hat und eine Hierarchie von Beamten, geheimen Zeichen und Passworten, sowie eine besondere Methode der Unterweisung in der Wissenschaft, Religion und Philosophie besitzt .... Wenn wir jenen glauben können, die gegenwärtig bekennen, zu ihr zu gehören, so sind: *Der Stein der Weisen, das Lebens-Elixier, die Kunst der Unsichtbarkeit* und die Macht des direkten Verkehres mit dem intramundanen Leben Teile der Erbschaft, die ihnen zufiel..... Alle schienen Männer von 40–50 Jahren und augenscheinlich umfassender Gelehrsamkeit zu sein .... Ihre Sprachenkenntnis kann nicht angezweifelt werden .... Sie blieben nie lange in einem Lande, sondern verschwanden wieder, ohne Aufmerksamkeit zu erregen."[19]

In einem modernen hermetischen Traktat, im Jahre 1906 anonym unter dem Titel *Kybalion* veröffentlicht, lesen wir ganz ähnlich: „Vom alten Ägypten sind die grundsätzlichen esoterischen und okkulten Lehren überkommen, welche die Philosophien aller Rassen, Nationen und Völker einige tausend Jahre lang so stark beeinflusst haben. Ägypten, das Land der Pyramiden und der Sphinx, der Geburtsort der verborgenen Weisheiten und der mystischen Lehren. Alle Nationen haben aus seinen geheimen Lehren geschöpft, Indien, Persien, Chaldäa, Medien, China, Japan, Assyrien, das alte Griechenland und Rom, und andere Länder des Altertums nahmen großzügig teil an dem Festmahl des Wissens, das die Hierophanten und Meister des Isislandes so freigiebig denjenigen bereiteten, die bereit waren, an den aufgespeicherten mystischen und okkulten Lehren teilzunehmen, die die großen Geister dieses alten Landes zusammengetragen hatten."[20]

Hermes Trismegistos war als Abgesandter aus der Geistigen Welt zur Erde hinabgestiegen, um urewige Weisheit zu lehren – in Gestalt der Hermetik und der esoterischen Alchemie. Der folgende Abschnitt aus dem hermetischen Buch *Kore Kosmou* gibt deutlich zu erkennen, dass es sich bei Hermes Trismegistos und seinen Jüngern um „aufgestiegene Meisterseelen" handelt:

„Und Hermes, nachdem er gebeten wurde, den Göttern beizuwohnen, denen er stammverwandt war, stieg zu den Sternen auf; ihm aber folgte Tat, der sein Sohn war, und somit Erbe all des Wissens, das Hermes erlangt hat; und nicht viel später folgte ihnen Asclepius, auch Imuthes genannt, der Sohn des Ptah, der auch Hephaistos heißt, und danach kamen all die vielen anderen Menschen, die nach dem Willen der Vorsehung, die über alles regiert, dazu ausersehen waren, mit größter Genauigkeit die Wahrheiten der Himmlischen Lehre zu ergründen. Aber Hermes übergab die Lehre in ihrer ganzen Vollständigkeit selbst seinem eigenen Sohn nicht, denn Tat war damals noch sehr jung. Und so sprach Hermes: Ich habe mit den allsehenden Augen des Geistes die unnennbaren Dinge des Himmels gesehen, und als ich sie untersuchte, gelangte ich zwar langsam und stufenweise, doch immerhin stetig zu einer genauen Kenntnis der Wahrheit. Dies alles habe ich schriftlich niedergelegt; und nun muss ich nahe der Heiligtümer des Osiris diese heiligen Symbole der kosmischen Elemente verwahren, und, nachdem ich ein Gebet über sie gesprochen, zum Himmel aufsteigen."[21]

In dem im Buch *Kore Kosmou* überlieferten Text stehen die entscheidenden Worte, die Hermes Trismegistos kurz vor seinem Aufstieg zu den Sternen sagt: *Dies alles habe ich schriftlich niedergelegt; und nun muss ich nahe der Heiligtümer des Osiris diese heiligen Symbole der kosmischen Elemente verwahren.* Daraus geht eindeutig hervor, dass der große Mystagoge

Thot-Hermes auch Schriften verfasst habe – aber welche Schriften sind gemeint? Die Tabula Smaragdina? Das Corpus Hermeticum? Oder etwa das geheimnisvolle Buch Thot?

Die Suche nach dem Buch Thot

Gab es im Alten Ägypten schon Thot-Mysterien, die in die spätere Hermetik einflossen? Gab es ein uraltes ägyptisches Weistum, auf das die hermetische Philosophie zurückgeht? Gab es eine ägyptische Urfassung, die dem *Corpus Hermeticum* zugrunde liegt – geheime, bisher unbekannte, vielleicht verschollene Texte, dem Gott Thot und seinen Mysten geweiht? Mag es zu irgendeinem Zeitpunkt ein okkultes *Buch Thot* gegeben haben, aus dem alle spätere Hermetik sich herleitet?

Der Neuplatoniker *Jamblichos* im 3. Jahrhundert n. Chr. kennt nach seiner eigenen Aussage eine Sammlung hermetischer Schriften, die von einem gewissen *Bitys* aus dem Ägyptischen ins Griechische übersetzt wurden. Wenn die Urfassung des *Corpus Hermeticum* eine ägyptische war, Geheimschriften des Gottes Thot vielleicht, dann könnte die Hermetik ein weitaus höheres Alter aufweisen als man bisher angenommen hat; sie wäre dann wirklich uraltes Priesterwissen, das später von den Schriftstellern der Alexandrinischen Schule in Übereinstimmung mit der griechischen Philosophie gebracht wurde. Einen Hinweis auf die ägyptische Herkunft der Hermetica finden wir im *Sendschreiben des Asclepius an König Ammon*, wo dieser über die hermetischen Schriften sagt:

„Und sie werden umso mehr in den zukünftigen

Zeiten für verworren gehalten werden, insbesondere dann, wenn die Griechen darangehen werden, sie aus unserer Sprache in die ihrige zu übersetzen. Jede Übersetzung wird weithin den Sinn dieser Schriften zerstören und viel Verwirrung hervorrufen. In unserer Sprache ausgedrückt, wird die Lehre ihren klaren und eindeutigen Sinn beibehalten; und zwar auf Grund der eigenen Qualität der Laute. Wenn nämlich ägyptische Laute gesprochen werden, wirken die Energien der bezeichneten Dinge unmittelbar in ihnen. Daher, mein König, so es in Deiner Macht steht (und ich weiß, Du bist allmächtig), lasse diese Schriften unübersetzt, dass ihre Geheimnisse nicht den Griechen offenbart werden mögen; – und dass die griechische Art zu sprechen, die ebenso überheblich wie geistesschwach ist und ständig mit Wortspielereien aufprunkt, nicht die Sprachgewalt und zwingende Stärke unserer Worte bis zur völligen Nichtigkeit herabziehe."[22]

Das okkulte *Buch Thot* aufzufinden, und das heißt, die ägyptischen Urfassungen der späteren Hermetica ans Licht des Tages zu ziehen, muss den Ägyptologen überlassen bleiben. In den Sargtexten des Mittleren Reiches – religiösen Sprüchen auf den Särgen von Beamten – hören wir zum ersten Mal von einem „Gottesbuch des Thot"; und ein gewisser Amenophis aus der Zeit Pharao Amenophis III., der die Aufstellung der Memnonkolosse leitete, sagt auf einer seiner Statuen im Tempel von Karnak (um 1360 v. Chr.): „Ich wurde eingeführt in das Gottesbuch, ich sah die Verklärungen des Thot und wurde ausgerüstet mit ihren Geheimnissen."

Zuweilen wird auch behauptet, dass der ägyptische Gott Thot oder Djehuti, der später zu Hermes

Trismegistos wurde, die 78 Karten des Tarot in einem *Buch Thot* niedergelegt habe. Bei diesem Buch Thot handelt es sich aber um eine reine Mystifikation. Niemand hat es je zu Gesicht bekommen; es ist genauso fiktiv wie Tolkiens Chroniken von Mittelerde oder wie die Chroniken von Narnia. Das ist der Stoff, aus dem die Fantasy-Romane bestehen.

Es ist übrigens kein Geringerer als *Rudolf Steiner*, der den Ursprung des Tarot auf ein legendäres Buch Thot zurückführen will: „Das Buch des Thoth bei den Ägyptern bestand aus 78 Karten, die die Weltengeheimnisse enthielten. In der ägyptischen Einweihung kannte man dieses sehr wohl. Die Karten zum Kartenspiel rühren davon her. Die Bezeichnung König, Ritter, Turmwächter, Feldherrn sind okkulte Bezeichnungen. Diejenigen, die eingeweiht waren in die ägyptischen Mysterien, verstanden das Zeichen (das Symbol für Tarot) zu lesen. Sie verstanden auch das Buch Thoth zu lesen, das aus 78 Kartenblättern bestand, in welchen alle Weltgeschehnisse vom Anfang bis zum Ende, von Alpha bis Omega, verzeichnet waren und die man lesen konnte, wenn man sie in der richtigen Reihenfolge verband und zusammensetzte. Es enthielt in Bildern das Leben, das zum Tode erstirbt und wieder aufsprießt zu neuem Leben. Wer die richtigen Zahlen und die richtigen Bilder miteinander vereinen konnte, der konnte in ihm lesen. Und diese Zahlenweisheit, diese Bilderweisheit, wurde seit Urzeiten gelehrt. Sie spielte auch noch im Mittelalter eine große Rolle, zum Beispiel bei Raimundus Lullus, doch heute ist nicht mehr viel davon vorhanden."[23]

Nach Rudolf Steiner hat der baltisch-deutsche Mystiker und Schriftsteller Woldemar von Uxkull

(1860–1952) auf das Buch Thot aufmerksam gemacht. In seinem Buch *Eine Einweihung im alten Ägypten* (1922) gibt er eine ausführliche, durchweg der eigenen Phantasie entsprungene Schilderung einer Initiation im alten Ägypten, die sich auf die 22 Bilder der Großen Arkana des Tarot gründet. Im Vorwort des Buches schreibt Uxkull:

„In diesem Buche schildere ich die Einweihung eines Jünglings in die altägyptischen Mysterien und zwar in erzählender Form, so, dass der Leser den Hergang miterlebt. Diese Arbeit ist teils die Frucht von Studien in Werken von Okkultisten und Mystikern, teils das Resultat der Einfühlung meiner Phantasie in diesen Gegenstand. Die Einweihung besteht aus drei Teilen. Der erste Teil heißt ‚Die Prüfungen‘. In ihm hat der Neophyte die Prüfungen zu bestehen, durch die er den Beweis liefert, dass er Mut und Selbstbeherrschung hat und würdig ist, die Einweihung zu erleben. Der zweite Teil des Werkes heißt ‚Der Unterricht‘. Er findet statt in der großen Tempelhalle, in der 22 Wandgemälde, das sogenannte Buch Thoth, gleichsam die Etappen des Unterrichts darstellen. (....) Im dritten Teil des Werkes wird im Laufe von zwölf Nächten der Geist des Jünglings von seinem Führer durch die verschiedenen Regionen der unsichtbaren Welt geführt, während sein Körper entseelt, aber nicht unbelebt hinter dem Altar unter dem Mantel des Oberpriesters ruht. Jeden Morgen jedoch erklärt der Hohepriester dem Jüngling je eines der zwölf letzten Bilder des Buches Thoth, um am letzten Tag den feierlichen Segen über den Neueingeweihten auszusprechen, der in kurzer Form die Hauptlehren, die das ganze Buch enthält, wiedergibt."[24] Bei der Schilderung des Einweihungsvorgangs schöpft der Autor Woldemar von Uxkull nicht aus wissenschaftlichen Quellen, sondern aus seiner eigenen Phantasie.

Sucht man heute nach einer philologisch exakten Übersetzung des Buches Thot in irgendeiner Fachbibliothek, so wird man wohl kaum fündig werden Es existiert eben einfach nicht. Dennoch hat sich der Mythos vom Buch Thot erstaunlich lange gehalten. Er geht auf das 18. Jahrhundert zurück, auf eine Zeit also, als jegliche Wissenschaft noch in den Kinderschuhen steckte und man über Ägypten so gut wie nichts wusste. Schon 1781 hatte *Antoine Court de Gébelin* die Symbole des Marseiller Tarot als Zeichen der Mysterien der ägyptischen Gottheiten Isis und Thot gedeutet. Beweise aus der Ägyptologie gibt es dafür nicht. Und dann war es ein gewisser *Etteilla*, der 1783 ein Buch veröffentlichte mit dem Titel *Maniére de se Recréer avec le Jeu des Cartes nommées Tarot*. Er schreibt dort, dass das Buch Thot 171 Jahre nach der Sintflut und vor 3953 Jahren verfasst wurde – und zwar von einem gewissen Tri-Merkur (das soll wohl Hermes Trismegistos sein).

Hören wir nun, was der große Magier und Okkultist *Eliphas Lévi* (1810–1875) über das Thema zu sagen hat. Er lehnt den ägyptischen Ursprung der Tarotkarten rundweg ab; ganz richtig leitet er die Karten aus den mystischen Traditionen des Judentums her, indem er die 21 Arkana als die Verbindungswege zwischen den 9 Sephiroth des kabbalistischen Lebensbaumes deutet. Auch zu dem Buch Thot nimmt Eliphas Lévi eine sehr differenzierte Stellung ein. Er sagt: „Dieses hieroglyphische Alphabet (…) ist das berühmte Buch Thoth, von dem *Court de Gebelin* vermutet, es habe sich in Gestalt des seltsamen Kartenspiels, des Tarock, bis auf unsere Tage erhalten. (...) Unter den Trümmern Ägyptens ist es tatsächlich noch vorhanden, und der merkwürdigste und vollkommenste Schlüssel zu ihm ist in dem großzügigen Werk des Paters *Kircher* über Ägypten enthalten. Es handelt sich hierbei um die Abschrift einer Isistafel aus dem Besitz des berühmten Kardinals *Bembo*. Diese leider verloren gegangene Tafel war aus Kupfer und hatte eingelegte Emailfiguren. Kircher gibt von ihr eine genaue Abschrift, und dieser gelehrte Jesuit vermutet, (...) dass sie den hieroglyphischen Schlüssel der heiligen Alphabete enthält."[25]

Eliphas Lévi setzt also das Buch Thot mit der *Isistafel des Kardinals Bembo* gleich. Was ist das nun für eine Tafel? Die *Mensa Isiaca*, wie man sie auch nennt, ist eine aufwendige Tafel aus Bronze mit Emaille und Silbereinlage, höchstwahrscheinlich römischen Ursprungs, aber durchaus den ägyptischen Stil nachahmend. Sie wurde in der Renaissance nach Kardinal Bembo benannt, einem berühmten Antiquar, der sie nach der Plünderung Roms 1527 erwarb. Zu einer Zeit, als man die ägyptischen Hieroglyphen noch nicht entschlüsselt hatte, erregte diese Isistafel großes Aufsehen in Europa. Athanasius Kircher, der gelehrte Jesuit, veröffentlichte sie in seinem Werk *Oedipus Aegyptiacus* (1652). Seitdem hat sie zu zahlreichen Spekulationen Anlass gegeben. Da die Tafel jedoch römischen Ursprungs ist – sie stammt vermutlich aus der 2. Hälfte des 1. Jahrhunderts n. Chr. –, stellt sie kein ägyptisches Original dar. Die auf ihr dargestellten Hieroglyphen sind nicht echt, sondern nur schmückendes Beiwerk, reines Design ohne Sinn und Bedeutung. Die Götter auf der Tafel sind nicht als ägyptische identifizierbar. Alles in allem ist die Isistafel nur ein Schmuckstück, nicht jedoch ein authentisches Dokument der altägyptischen Religion.

Und was den Ursprung des Tarot betrifft, so kommt Eliphas Lévi zu dem Schluss: „Das Alphabet des Buches Thoth ist nur auf Umwegen das Original unseres Tarock. Unser Tarock ist jüdischen Ursprungs und die Figurentypen gehen höchstens auf die Zeit Karls VII. zurück."[26] Das klingt schon sehr ernüchternd – Karl VII. war von 1422 bis 1461 König von Frankreich. Die Tarotkarten sind demnach ihrem Ursprung nach spätmittelalterlich; das ihnen zugrunde liegende System ist sicherlich in der jüdischen Kabbala zu finden.

Das Buch Thot in der Akasha-Chronik

Wenn das *Buch Thot* schon kein literarisches Buch ist, das man irgendwo auffinden kann – könnte es nicht sein, das es sich in einer übergeschichtlichen und überirdischen Sphäre befindet? Dem russischen Mystiker Valentin Tomberg (1900–1973) zufolge ist dieses Buch „magisch eingeprägt in eine Region zwischen Himmel und Erde"[27], und insofern stellt es kein physisches Buch dar, das man mit den Händen greifen könnte.

Man könnte auch fragen, ob nicht die Smaragdene Tafel als Urbild in einer solchen übersinnlichen Matrix eingeprägt ist, und die physische Smaragdtafel (wenn es sie denn je gegeben hat) nur ein Abbild davon gewesen wäre. Auch im Islam ist von einer *wohlverwahrten Tafel* die Rede (Koran, Sure 85,21–22), und auf diesen Tafeln seien alle Weltgeheimnisse zu finden, alles Schöpfungswissen, auch die Urschrift des Koran. Sure 56 Vers 78 bekräftigt diese Vorstellung. Sie besagt, der Koran sei in einem *verborgenen Buch* verzeichnet, den alltäglichen Blicken der Menschen entzogen.

In der theosophisch-esoterischen Tradition des Abendlandes ist ebenfalls von einem solchen übersinnlich-geistigen Buch die Rede – es heißt die *Akasha*-Chronik. Aber auch bei ihr handelt es sich nicht um ein Buch im gewöhnlichen Sinne. Die Akasha-Chronik ist ein universeller Wissensspeicher, eine kosmische Matrix, ein göttliches Weltgedächtnis, in dem sich alle vergangenen Weltzustände, Entwicklungszustände, Lebensformen, Taten und Gedanken, alle früheren Erdenleben wie in einem großen Nachschlagewerk aufgezeichnet finden.

Man kann sich die Akasha-Chronik vorstellen als einen unendlich dünnen feinstofflichen Film, besser noch, als eine Fotoplatte, und alles, was je existiert hat, was sich je zugetragen hat, hinterlässt auf dieser gigantischen makrokosmischen Matrix einen bleibenden Eindruck. Die Formen und Gestalten des früher Gewesenen werden buchstäblich in das Weltgedächtnis „eingedrückt", und dort bleiben sie bis in alle Ewigkeit „gespeichert". Daher kann man das Weltgedächtnis symbolisch als das *Buch des Lebens* bezeichnen, oder eben, mit dem geläufigen theosophischen Ausdruck, als die *Akasha-Chronik*.

Die Akasha-Chronik ist demnach kein in Buchstaben geschriebenes Buch, sie enthält auch nicht Informationen in mentaler oder begrifflicher Form, sondern sie stellt ein reines *Bildergedächtnis* dar. Hellseher und Medien können solche astralen Akasha-Bilder zuweilen mit dem geistigen Auge sehen, ja sie können in ihnen die Ausdrucksformen früherer Daseinszustände erkennen, menschliche Schicksale aus längst vergangenen Erdenleben.

Die Akasha-Chronik gründet in der höheren Geisteswelt, doch wirft sie auch reflexhafte Widerspiegelungen in die Astralwelt hinein. Will man jedoch Wesentliches aus dem Tableau der Welterinnerung erfahren, so muss man dafür auf die geistige Ur-Akasha-Chronik zurückgreifen, die sich im Reich der geistigen Urbilder, auf der sogenannten Kausal-Ebene, befindet. Diese wird nicht in Trance, sondern in vollem Wachbewusstsein gelesen. Nur aus solcher Schau erfahren wir, dass dem gegenwärtigen Schöpfungszyklus viele andere, frühere Zyklen vorangegangen sind, und dass ihm viele künftige folgen werden,

Geistige Schau ist etwas völlig anderes als mediale Tieftrance. Bei Helena Petrowna Blavatsky (1831–1891) etwa zeigte sich schon früh eine ausgeprägte hellsichtige Veranlagung, die nichts mit Medialität im üblichen Sinn zu tun hat, sondern ein Sehen der geistigen Phänomene ist, eine Wahrnehmung der höheren Welt. In ihrem späteren Hauptwerk *Die Geheimlehre* zeichnet sie die Bilder früherer Erd- und Weltentwicklungszustände.

Die Akasha-Chronik wird zuweilen auch als das *Buch des Lebens* bezeichnet. Dieser Begriff stammt aus der Bibel, und zwar aus der *Offenbarung des Johannes*. Dort heißt es: „Ich sah die Toten vor dem Thron stehen, die Großen und die Kleinen. Und Bücher wurden aufgeschlagen; auch das Buch des Lebens wurde aufgeschlagen. Die Toten wurden nach ihren Werken gerichtet, nach dem, was in den Büchern aufgeschrieben war." (Joh. 20,12) Demnach wäre das Buch des Lebens eine Art Aufzeichnungsmedium, in dem sich die Ereignisse eines vergangenen Erdenlebens finden.

Da die Aufzeichnungen in die Archive der Akasha-Chronik ständig stattfinden, muss es auch eine besondere Gruppe von Wesenheiten geben, die eben mit diesem Prozess in Verbindung stehen. In den älteren Traditionen nannte man sie die *Schreiber der Götter*, wie etwa der ägyptische Gott Thot. Sie sind auch die *Aufzeichner des Karma*. Das bedeutet nicht, dass sie Karma erschaffen, auch nicht, dass sie über seine Einhaltung wachen, sondern nur, dass sie es aufzeichnen und damit der Ewigkeit überantworten. Man kann diese Wesenheiten auch die *Protokollführer des Universums* nennen.

In der theosophischen Philosophie hat sich für sie der Name *Lipika* eingebürgert. Sie, die wahren Hüter der Akasha-Chronik, stellen eine sehr hohe Engelhierarchie dar, der die Aufgabe zukommt, das gesamte kosmische Wissen dieser Weltperiode zu verwalten, unabhängig davon, ob es sich auf die Vergangenheit, Gegenwart oder Zukunft bezieht. Madame Blavatsky sagt hierüber folgendes: „Die ‚Lipika‘, von dem Worte *lipi*, ‚schreiben‘, bedeuten wörtlich die ‚Schreiber‘. Mystisch stehen diese göttlichen Wesen mit Karma, dem Gesetze der Wiedervergeltung im Zusammenhang, denn sie sind die Aufzeichner oder Annalisten, welche auf die (für uns) unsichtbaren Tafeln des Astrallichtes, der großen Bildergalerie der Ewigkeit, einen getreuen Bericht jeder Handlung, und selbst von jedem Gedanken, des Menschen einprägen: von allem, was in dem phänomenalen Weltalle war, ist, oder jemals sein wird."[28]

Die Akasha-Chronik enthält die komplette Entwicklungsgeschichte unseres gesamten Universums. Alles, was je erdacht, erschaffen, vollendet wurde, ist dort aufbewahrt, sei es Beethovens *Neunte Symphonie*, Einsteins *Relativitätstheorie* oder Michelangelos Deckengemälde der *Sixtinischen Kapelle*. Und wäre es nun möglich, dass der ägyptische Gott Thot (als metaphysische Wesenheit betrachtet) zu jenen Schreibern des kosmischen Weltgedächtnisses gehört hat – dass er alle Mysterien über Ursprung, Weg und Ziel der Welt-Entwicklung in jenen „geheimnisvollen Tafeln" verwahrt hat, die als die Smaragdtafeln des Thot-Hermes in die abendländische Geistesgeschichte eingegangen sind? – Diese Frage wird hier nur aufgeworfen; der Leser mag sie sich selbst beantworten. –

Der ägyptische Urgott Thot

Hermes Trismegistos ist ein ägyptischer Gott in griechischem Gewande, die Hermetik ägyptische Urweisheit in der Sprache der platonischen Philosophie. In Ägypten galt der ibisköpfige Gott *Thot*, auch *Dschehuti* genannt, der im Neuen Reich (1559–1200 v. Chr.) in Paviangestalt verehrt wurde, als Gott des Wissens, der Schrift und der Sprache.

In einer Inschrift auf dem Sockel des Gütervorstehers Cheriuf, die aus der Zeit des Königs Amenophis III. stammt, wird er als Lehrer aller möglichen Künste und Handwerke dargestellt: „So priesen Götter und Menschen seine Weisheit, mit der er die Gottesdienste und Opfer eingerichtet hatte. Er hatte die Menschen das Schreiben gelehrt und die Kunst der Rede. Er hatte die Beamten angewiesen, wie sie die Tempel und Paläste für Götter und Könige zu pflegen hätten. So wurde nichts von seiner Weisheit

Seite 44

vergessen, auch nicht die Kunst des Handwerkes im Weben und Flechten, in Jagd und Ackerbau. Denn er war es, der die Menschen lehrte, wie die Grenzen der Äcker und der Lauf der Kanäle gezogen werden müssten, um die beiden Länder zu einem blühenden Garten zu machen. Endlich aber hatte er den Menschen auch den Weg nach *Aminte*, dem Land der Ewigkeit, gewiesen."[29]

Thot war auch ein Gott des Maßes und der Zahl, der Schrift, der bildlichen Darstellung und der Bibliotheken, ein Künder des Verborgenen und Verfasser geheiligter Schriften. Man schrieb ihm nicht nur die Erfindung der Buchstaben, sondern auch des Gottesdienstes, der Astrologie und der Musik zu, außerdem die Einteilung des Tages in zwölf Stunden. Als Lehrer der Isis erschien er als der eigentliche Inhaber der gesamten uralten Weisheit der Ägypter, die den Griechen dadurch nahe gebracht wurde, dass sie ihn mit ihrem Hermes gleichsetzten. Thot war später durchaus ein Mysterien-Gott, der nicht nur weltpraktische Dinge, sondern auch esoterisches Wissen zu lehren wusste.

Den Griechen war er, wie Platon bezeugt, unter dem Namen *Theut* bekannt: „Ich habe also gehört, in Ägypten sei einer von den alten Göttern gewesen, dem auch der Vogel, welcher Ibis heißt, geheiligt war; der Gott aber habe Theut geheißen. Dieser habe zuerst Zahl und Rechnung erfunden, dann die Messkunst und die Sternenkunde, ferner das Brett- und Würfelspiel, und so auch die Buchstaben. Als König in ganz Ägypten habe damals Thamuz geherrscht in der großen Stadt des oberen Landes, welche die Hellenen das ägyptische Theben nennen, den Gott selbst aber Ammon. Zu dem sei Theut ge-

Thot, Horus und Isis

gangen, habe ihm seine Künste gewiesen und be-
gehrt, sie mögen den andern Ägyptern mitgeteilt
werden."[30] In Thot sehen wir nicht nur den ägyptischen Ausdruck des griechischen Hermes, sondern
auch den unmittelbaren Vorläufer des Mystagogen
Hermes Trismegistos. Ausgangspunkt der Verehrung des Thot war wohl Hermopolis, der Hauptort
des 15. unterägyptischen Gaues im Sumpfgebiet des
nordöstlichen Nildeltas. Diese Lage lässt ihn schon
früh zum „Herrn der Fremdländer" werden, was
seine Funktion als Dolmetscher, Übersetzer, Deuter
beinhalten mag. Daher auch unser heutiges Wort
„Hermeneutik". In erster Linie bleibt Thot aber der
Wissensvermittler; die ihm zugeschriebene Ibisge-

Seite 46

stalt legt das für ihn so charakteristische suchende und findende Stochern im Schlamm nahe, was im übertragenen Sinne das Aufspüren verborgener Schätze bedeuten mag. Thot wurde nun irgendwann im Alten Reich – mit Sicherheit erst belegt durch die Sargtexte – nach Hermopolis übertragen und dort zum Hauptgott erhoben; die Paviangestalt hat er wohl von einem unbekannten Ort mitgenommen.

Als Gott des Wissens erhält Thot verschiedene Rollen in den ägyptischen Mythen: er ist es, der Seth und Horus im Streit voneinander trennt; er berechnet aus den Mondphasen die Zeit und erscheint daher als derjenige, der den Mond füllt, als Zeitgott und Mondgott gleichermaßen, der die Mondsichel mit der Dunkelmondscheibe auf dem Haupte trägt. So kommt zu seinem merkurischen Charakter durch die Zeitrechnung noch etwas Lunares hinzu.

Dies Lunare, Mondhafte bleibt für Thot aber immer nebensächlich; er ist eigentlich ganz Merkur, und zwar im umfassendsten Sinn des Wortes. Er berechnet die Lebensjahre des Königs und schneidet sie in einen Kerbstock ein; als Erfinder der Schrift und der Sprachen wurde er ganz selbstverständlich zum Schutzgott der Schreiber; andererseits prädestiniert ihn seine Tätigkeit als Zusammenfüger auch zum Restaurator der Leiche des Osiris. Von daher besteht eine Verbindung zur Heilkunst, und die enge Verbindung des Thot zum Heilgott Imhotep, dem Asklepios der Griechen, wird verständlich. Im Götterboot des Sonnengottes Re nimmt Thot die Stellung des Vesirs ein, und auf Grund seiner Schriftkenntnis wird er auch zum großen Zauberer, zum „Herrn der Gottesworte". Im Totenreich hat er die Aufgabe, als *Psychopompos* die Seelen der Gestorbenen vor das Osirisgericht zu führen; und manchmal sitzt er als Pavian auf der Seelenwaage, um deren rechten Gang zu gewährleisten.

Am 19. des 1. Monats wurde in Ägypten schon früh ein Thotfest begangen, an dem die Toten teilnahmen und das dem ersten Monat den Namen gab. Als Bild des Thot hat man in der Spätzeit Ibisse in unendlicher Zahl mumifiziert und beigesetzt, nicht nur in Saqqara, wo zwischen Thot-Hermes und Imuthes-Asklepios eine Identität hergestellt wurde, sondern auch in Hermopolis. In griechisch-römischer Zeit wandelte Thot sich zum allgewaltigen Hermes Trismegistos, dem Schöpfer einer Geheimlehre heidnischer Gnosis, der im Mittelalter gar als Begründer der Alchemie galt.

Der Mythos von Thot dem Atlanter

Waren die drei Pharaonen Cheops (2598–2566), Chephren (2558–2532) und Mykerinos (2532–2504), tatsächlich die Erbauer der Pyramiden von Gizeh? Oder gehen diese auf eine wesentlich ältere Periode zurück? Sind sie vielleicht die Überreste einer älteren, unbekannten Kultur, deren Erbschaft die historischen Ägypter antraten? In dem Werk *Die Geheimlehre* von H. P. Blavatsky wird in diesem Zusammenhang auf Atlantis verwiesen: „Die Zivilisation der Atlantier war größer als selbst jene der Ägypter. Ihre entarteten Nachkommen, das Volk von Platos Atlantis, waren es, die die ersten Pyramiden in dem Lande erbauten, und das sicherlich vor Ankunft der 'östlichen Äthiopier', wie Herodot die Ägypter nennt."[31] Und weiter: „Die *menschliche* Dynastie der älteren Ägypter, beginnend mit Menes, hatte das ganze *Wissen* der Atlantier, obwohl kein atlantisches Blut mehr in ihren Adern floss."[32]

Nach dem Großen Platonischen Jahr wird Ägypten mit dem prähistorischen *Löwe-Zeitalter* (10.950–8790 v. Chr.) in Verbindung gebracht, in dem nach alter Überlieferung der Untergang des Erdteils Atlantis stattfand. Und entspricht dieses Löwe-Weltzeitalter zeitlich denn nicht genau der Altsteinzeit, von der wir durch Funde hinlänglich wissen, dass Ägypten in ihr unter klimatisch völlig andersartigen Bedingungen von Menschen bereits besiedelt war? Geologische Untersuchungen, die man seit 1979 am Urgestein der Sphinx von Gizeh vornahm, haben massive Wasserschäden am Bauwerk zutage gebracht, die nur durch heftige Regengüsse (Sintflut?) oder durch ein regenreiches Klima wie während der Altsteinzeit bewirkt sein können. Hier die Deutung des Archäologen John A. West:

„Lange bevor sich Ägypten in eine Wüste verwandelte, war das Gizeh-Plateau eine fruchtbare Savanne. An ihrem Rand häufte sich im Laufe der Zeit Gestein auf, aus dem unbekannte Steinmetze einen gewaltigen Kopf herausschlugen. Den Kopf einer Gottheit oder eines Löwen. Als der Kopf fertig war, wurden 100 Tonnen schwere Kalksteinblöcke herausgeschlagen und am Tal-Tempel sowie am Sphinx-Tempel scheinbar mühelos in Position gebracht. Jahrtausende vergingen, und sintflutartige Regenfälle wetzten die Sphinx nahezu auf ihre heutige Größe. Als der Regen endete, wandelte sich die einst fruchtbare Savanne in die Wüste Sahara um. Der Wüstensand begrub die Sphinx bis zum Hals und konservierte somit das Bauwerk und seine Verwitterungsspuren am Körper. Der Kopf der Sphinx hingegen schrumpfte und wurde möglicherweise neu gemeißelt. Die Könige der vierten Dynastie, die Erbauer der Pyramiden um 2500 v. u. Z., gruben die Sphinx aus und restaurierten den Kopf. Auch Pharao Chefren erbaute die Sphinx nicht, sondern ließ sie lediglich restaurieren."[33]

Nach dieser Deutung ist der Sphinx von Gizeh, dies Wahrzeichen einer untergegangen Kultur, rund 12.000 Jahre alt! Dies verweist auf eine Zeit, die in der ägyptischen Mythologie mit der Herrschaft der ältesten Götter-Dynastien in Verbindung gebracht wird. Nach Aussagen des ägyptischen Hohepriesters *Manetho* (3. Jhrt. v. Chr.), wie sie von Julius Africanus und Eusebius überliefert worden sind, gab es vor der ersten Königsdynastie (3100 v. Chr.) eine lange Reihe von Götter- und Halbgötter-Dynastien, die äonenweit in vorgeschichtliche Zeit zurückreichen. Diese Dynastien sind:

Ptach-Dynastie	20.970 – 11.970
Ra-Dynastie	11.970 – 10.970
Schu-Dynastie	10.970 – 10.270
Geb-Dynastie	10.270 – 9770
Osiris-Dynastie	9770 – 9320
Seth-Dynastie	9320 – 8970
Horus-Dynastie	8970 – 8670
Thot-Dynastie	8670 – 7100
Heroen-Dynastie	7100 – 5000

Auf die Heroen-Dynastie folgte 5000 – 3450 die Schemsu-Hor-Dynastie und auf diese die erste Königsdynastie, die 3100 mit der Einigung Ober- und Unterägyptens durch Pharao Menes begann.

Uns interessiert hier natürlich in erster Linie die Thot-Dynastie, die laut Manetho von 8670 bis 7100 andauerte und somit in die Spätphase der Atlantis-Kultur hineinreichen würde. Denn Platon überliefert uns ja ein Gespräch des griechischen Weisen Solon mit einem ägyptischen Priester, in dem der Untergang von Atlantis auf einen Zeitraum „vor 9000 Jahren" datiert wird. *„Vor allem zuerst wollen wir uns erinnern, dass zusammengenommen 9000 Jahre verstrichen sind"*, heißt es in Platons Dialog *Kritias*, seitdem der Krieg zwischen Europäern und Atlantiern stattfand und die Königsinsel Atlantis durch Vulkanausbrüche und Seebeben unterging.

Und wer ist nun *Thot der Atlanter*? Alte Überlieferungen sprechen von einem früheren Hermes namens Henoch, Seth oder Agathos Daimon, der *vor der Sintflut* gelebt und seine Weisheit an die Späteren weitergegeben habe. Doch vergessen wir nicht, dass es geologische Beweise für die Existenz eines Atlantis nie gegeben hat – und dass die Götterdynastien des Manetho historisch nicht nachweisbar sind. Maurice Doreal (1893–1963) behauptet, Thot war „ein atlantischer Priesterkönig, der nach dem Untergang seines Mutterlandes eine Kolonie im alten Ägypten gegründet hatte. Er war der Erbauer der Großen Pyramide von Gizeh, die irrtümlicherweise Cheops zugeschrieben wird. In sie hatte er sein Wissen von den alten Weisheiten eingebaut und auch geheime Aufzeichnungen und Instrumente des alten Atlantis sicher versteckt."[34]

Um 1300 v. Chr. wurde ein Priesterkollegium beauftragt, diese Aufzeichnungen, tatsächlich *Smaragdene Tafeln*, von Gizeh nach Mittelamerika zu bringen, wo sie im Inneren einer Maya-Pyramide verwahrt wurden. Im Jahre 1925 will Doreal den Auftrag erhalten haben, diese Smaragdtafeln von Yucatan zurück nach Gizeh zu bringen, wobei er bei der Gelegenheit auch gleich eine englische Übersetzung der Tafeln anfertigte.

So entstand Maurice Doreals Buch *The Emerald Tablet of Thoth the Atlantean*, das sich heute noch großer Beliebtheit erfreut. Das Buch kann man mit gutem Grund als ein esoterisches Märchen bezeichnen – es hat mit der wirklichen Hermetik überhaupt nichts zu tun, ebenso wenig übrigens wie die berühmten „7 hermetischen Gesetze" des *Kybalion*, die zuweilen für den Inbegriff aller hermetischen Weisheit gehalten werden.

Wirkungsgeschichte der Hermetik

1. Die Hermetik in der Renaissance. – In der Renaissance kam mit der Neubestimmung des Menschenwesens ein bis dahin unbekanntes Interesse an allem Magischen, Mystischen, Okkulten auf, sodass wir in dieser Kulturepoche eine der großen Sternstunden der Esoterik sehen dürfen. Kein Wunder, dass der Überlieferungsstrom alexandrinischer Hermetik in den Tagen der italienischen Renaissance machtvoll durchbrach; der hermetische *Anthropos* wuchs sich hier zum magischen All- und Universalmenschen aus.

So fällt denn auch die erste Druckausgabe des *Corpus Hermeticum* mitten in die Blütezeit der italienischen Renaissance hinein, in das Jahr 1471. Es handelte sich um eine Übersetzung des griechischen Urtextes ins Lateinische, die auf Geheiß des Fürsten Cosimo de Medici von Marsilio Ficino (1433–1499), dem allseits anerkannten Haupt der Platonischen Akademie in Florenz, angefertigt wurde.

Seite 52

Ficino sollte daraufhin auch die Werke Platons und die Enneaden Plotins ins Lateinische übertragen und damit der Öffentlichkeit jener Zeit erstmalig zugänglich machen; in Hermes Trismegistos, Platon und Plotin sah er eine Kette geistiger Lehrer, die in ihren Schriften die Grundlagen einer *prisca sapientia* („uralten Weisheit") gelegt hätten, die seiner Meinung nach vollkommen im Einklang mit der christlichen Offenbarung stand. Heidnisches und Christliches konnten sich ungehindert vermischen: sie flossen zusammen in eine esoterische Erlösungsreligion, die typisch ist für das magische Denken der Renaissance.

Die Übersetzung Ficinos muss damals in Europa eine wahre Welle der Hermes-Begeisterung ausgelöst haben, eine Wiedergeburt des esoterischen Hermetismus. So wird im *Tractatus quae dicitur Thomae Aquinatis de Alchemia* (1520) Hermes Trismegistos als Psychopompos, als Seelenführer ins Totenreich, zitiert. Auf ihn beruft sich Nikolaus von Kues, Paracelsus, aber auch Agrippa von Nettesheim in seinem dreibändigen Werk *Occulta Philosophia* (1530–33). In der Kathedrale von Siena findet sich eine Phantasiedarstellung des „Hermes Mercurius Trismegistus", und die Inschrift darunter nennt ihn einen „contemporaneus Moysei", einen Zeitgenossen des Moses. Das Mosaik datiert aus dem Jahre 1488 – ein Beleg nochmals für die große Popularität des Dreimalgrößten Hermes in jener Zeit und für das hohe Ansehen, das er selbst in den etabliertesten Kirchenkreisen offensichtlich genoss.

Seit seiner Wiederentdeckung und Neuherausgabe durch Marsilio Ficino ist das *Corpus Hermeticum* in alle europäischen Hochsprachen übersetzt worden, so ins Deutsche, Englische und Französische. Hervorzuheben ist auch, dass die Gedankengänge der Hermetik nachhaltig auf die frühe Rosenkreuzerbewegung eingewirkt haben. Das *Rosarium Philosophorum* (1550) beruft sich auf Hermes Trismegistos; die französischen Rosenkreuzer – mit der Alchemie vertraut – hatten als Initiationsritus einen *rite hermetique*. Auch die *Societas Rosicrucianum in Anglia* vergab einen hermetischen Grad.

Im Bannkreis der Hermes-Esoterik standen führende Geister der Renaissance, darunter vor allem der Philosoph Giordano Bruno (1548–1600). Auch Bruno kann man wie Ficino einen philosophierenden Hermetiker nennen; er sehnte sich – anstelle des Christentums – die Religion des „allerweisesten ägyptischen Merkur" herbei und vertrat den hermetischen Gedanken einer Seelenwanderung durch alle Lebensbereiche.

2. Die Hermetik in der Freimaurerei – Alchemistische und hermetische Strömungen konnten im 18. Jahrhundert in die – damals überall in Europa aufblühende – *Freimaurerei* Eingang finden. Im Zeitalter der Entstehung der ersten englischen Großloge waren alchemistische Einflüsse noch stark wirksam. In den *Schottengraden* setzte die Alchemie als Gradgeheimnis mit der Begründung ein, dass unter den Kreuzfahrern 1090 vier Altmeister aus Schottland Kenntnis von einer dementsprechenden Tradition gehabt hätten. Demzufolge sei auch in den Grundstein des Salomonischen Tempels ein Meisterwort mit einem Hinweis darauf eingelegt worden. Den Schotten sei es geglückt, in einem ausgehöhlten Quadratstein drei goldene Schalen mit den Buchstaben I., G. und O. zu finden, den jüdischen Sinnbildern der drei Grundstoffe der Welt (Sal, Sulphur und Mercurius). Mit dieser Legende wurde eine Wendung eines Teils der damaligen Freimaurerei in die Richtung zum „Okkultismus", zum alchemistischen Mysterienbund gebahnt.

Die Alchemie spielte vor allem im theosophischen Hochgradsystem der *Coens Elus* eine große Rolle, ferner bei den – mit der Freimaurerei eng verschwisterten – *Gold- und Rosenkreuzern* sowie bei dem von Saint Martin ins Leben gerufenen *Rite rectifice*. In diesem Zusammenhang ist auch der Begriff der *hermetischen Freimaurerei* von großem Interesse. Man versteht hierunter eine im 18. Jahrhundert in Frankreich aufgekommene Methode, die sich an die hermetische Philosophie anlehnt, indem sie den alchemistischen Prozess der Metallumwandlung als Symbol der spirituellen Selbst-Wandlung des Menschen begreift.

Von allen hermetisch-freimaurerischen Systemen war das der *Illumines d' Avignon* das bedeutendste, dessen neun Grade, namentlich die sechs Hochgrade, von hermetischer Symbolik durchzogen waren, während der zehnte Abschlussgrad einen vollständigen Kursus aller hermetischen und gnostischen Wissenschaften enthielt. Die Illumines von Avignon haben nichts zu tun mit den Illuminaten, mit denen sie manchmal verwechselt werden. Ihr Begründer war der ehemalige Benediktinermönch Dom Antoine Joseph Pernetty (1716–1796), der 1765 sein Kloster verließ, um in Avignon die dort eingeschlafene Freimaurerei zu neuem Leben zu erwecken.

Bereits 1766 arbeitete er dort mit einem eigenen System, dem *rite hermetique*, bei dem zu den drei symbolischen Graden noch 6 hermetische Hochgrade hinzutraten, nämlich wahrer Maurer, wahrer Maurer auf dem geraden Wege, Ritter des goldenen Schlüssels, Ritter der Iris, Ritter der Argonauten, Ritter des Goldenen Vlieses; zu diesen neun Graden trat als zehnter der Grad des Sonnenritters hinzu. Auf der Flucht vor Verfolgungen ging Pernetty nach Berlin, wo Friedrich der Große ihn zum Bibliothekar und Mitglied der Akademie der Wissenschaften machte; mit seinen Adepten in Avignon blieb er indes in ständiger Verbindung. Erst 1783 kehrte er nach Frankreich zurück, wurde während der Jakobinerherrschaft kurzzeitig verhaftet, dann aber wieder freigelassen; nach seinem Tod erlahmte die Tätigkeit seiner Gruppe völlig. Der Grad des Sonnenrittes ging in den Schottischen Ritus über.

3. Die Hermetik in der Theosophie – Gegen Ende des 19. Jahrhunderts vollzog sich eine Wiederentdeckung der hermetischen Esoterik durch die *Theosophische Gesellschaft*, die im Jahre 1875 in New York gegründet wurde. Wie die Freimaurer und andere Esoteriker brachten die Theosophen die vom materialistischen und wissenschaftsgläubigen Zeitgeist abgedrängte Hermetik wieder neu zu Ehren; sie sahen in ihr die Ausdrucksform einer universellen Urweisheitsreligion der Menschheit, die Spuren in den Hochreligionen und in den verborgenen spirituellen Strömungen aller Völker und Kulturen hinterlassen habe. Denn allen spirituellen Traditionen in Ost und West liege eine gemeinsame Wurzel zugrunde, eine esoterische Urlehre, die keinen Stifter oder Gründer habe, sondern anfangslos seit dem Urbeginn aller Zeiten präexistiere und fortdauern werde bis ans Ende aller Tage.

Es besteht kein Zweifel, dass Helena P. Blavatsky (1831–1891), die Begründerin der modernen Theosophie, die bedeutendste und einflussreichste esoterische Lehrerin des 19. und vielleicht auch des 20. Jahrhunderts gewesen ist. Praktisch alle Esoteriker der 1. Hälfte des 20. Jahrhunderts, vor allem die um 1875 geborenen, sind von den Lehren der Madame Blavatsky maßgeblich beeinflusst.

Bereits in ihrem monumentalen Erstlingswerk *Isis entschleiert* hat Madame Blavatsky die von ihr vertretene esoterische Urweisheitsreligion mit der „hermetischen Philosophie" gleichgesetzt. Im Vorwort des ersten Bandes schreibt sie: „Unser Werk ist eine Verteidigungsschrift für die Anerkennung der hermetischen Philosophie, der vorzeiten weltumfassenden Weisheitsreligion, als des einzig möglichen Schlüssels zur Vollkommenheit in Wissenschaft und Theologie"[35]. Auch in ihrem 1888 erschienenen Hauptwerk *Die Geheimlehre* kommt Madame Blavatsky immer wieder auf die hermetischen Schriften zu sprechen. Für sie waren Buddha und Hermes in jeder Hinsicht Parallel-Gestalten: „Die Geheimlehre des arischen Ostens findet sich unter ägyptischer Symbolik und Ausdrucksweise wieder in den Büchern des Hermes."[36]

Das hermetische Axiom *Wie oben, so unten* galt ihr als die Grundformel jeglicher Esoterik schlechthin. In ihren Anweisungen zum Studium der *Geheimlehre* (übermittelt von Robert Bowen) sagt sie: „Der vierte und letzte Grundsatz, der immer bedacht werden muss, wird in dem großen hermetischen Axiom ausgedrückt. Er fasst alle anderen Grundsätze zusammen und ist ihre Synthese. Wie innen, so außen; wie das Große, so das Kleine; wie oben, so unten: Es gibt nur Ein Leben und Gesetz, und der es ausführt, ist Einer. In der göttlichen Ordnung ist nichts innen und nichts außen, ist nichts groß, nichts hoch und nichts niedrig."[37]

Die Hermetik des 20. Jahrhunderts

Rosenkreuzertum, Freimaurerei, Alchemie, die Welt der Logen und Geheimgesellschaften – das ist der geistige Untergrund, in den sich die Hermetik seit dem 18. Jahrhunderts zunehmend zurückgezogen hat, verdrängt durch die Philosophie der Aufklärung und durch den Materialismus der damals neu aufkommenden Naturwissenschaft.

Die Naturphilosophie des deutschen Idealismus und der Naturbegriff der Romantik knüpfen in ihrer Opposition gegen die Reduzierung der Natur auf mathematisch formulierbare Gesetzmäßigkeiten an gnostisch-mystisches Gedankengut an, ohne aber den Begriff des Hermetischen ausdrücklich zu verwenden. Dass hermetische Vorstellungen auch im 20. Jahrhundert noch immer lebendig geblieben sind, belegen die einschlägigen Artikel im *Rosicrucian Manual* und das Buch von Alexander von Bernus *Alchymie und Heilkunst*.

Mit dem Beginn des 20. Jahrhunderts schien sich erneut eine Renaissance des hermetischen Gedankenguts anzubahnen. Dies wurde vor allem bewirkt durch die 1906 erschienene kleine anonyme Schrift *Kybalion*, die allerdings mit der klassischen ägyptisch-hellenistischen Hermetik nur wenig zu tun hat. Im letzten Drittel des 20. Jahrhunderts ist unter der Bezeichnung „*New Age*" eine Welle der Esoterik über die westliche Welt hinweggerollt, die zu einer bis dahin noch nicht gekannten Spiritualisierung

Seite 58

des öffentlichen Bewusstseins geführt hat. In einer solchen Situation kann die Hermetik mit dazu beitragen, den großen geistigen Quantensprung unserer Zeit zu vollziehen.

Die Grundideen der Hermetik – die Einheit allen Seins, die Identität von Ich, Welt und Gott und die wechselseitige Entsprechung von Mikrokosmos und Makrokosmos – sind aktueller als je zuvor. Sie können dazu verhelfen, eine neue Sicht des Weltganzen vorzubereiten. Wo sonst kann ein ganzheitliches Bewusstsein erwachsen, wenn nicht aus dem Schoß der hermetischen Kosmoslehre, die den Menschen als einen Mikrokosmos und als Abbild eines geistlebendigen Weltalls sieht? Wo sonst kann wirkliche Weisheit erblühen, wenn nicht aus der Mitte des hermetischen Welt- und Menschenbildes, wie es etwa in den Sätzen der *Tabula Smaragdina* oder des *Corpus Hermeticum* niedergelegt ist?

Die Definition des Menschen als kosmisches Wesen ist zukunftsweisend. Im Lichte der Relativitätstheorie, der Quantentheorie und der erweiterten Sicht des Inneren der Atome hat man begonnen, die Begriffe Geist und Materie neu zu definieren. Der Geist erscheint dabei als das Ursprüngliche, Primäre. In dieser Situation kann die Hermetik mit ihrem geist-orientierten Weltbild zu einer neuen Sicht von Mensch, Erde und Kosmos hinführen.

Esoterische Deutungen

Die Hauptaussage der *Tabula Smaragdina* wird zuweilen auf den bekannten Satz „Wie oben, so unten" reduziert, der in manchen Kreisen als *der* hermetische Satz schlechthin gilt. Tatsächlich enthält die Smaragdene Tafel 15 aphoristische Rätselsätze, die vollständig die Grundlagen einer arkanologischen Wissenschaft enthalten. Das Wort *Arkanum* wird hier als gleichbedeutend mit dem Wort *Mysterium* verwendet, und eine arkanologische Wissenschaft ist eine solche, die das Einweihungswissen mit dem Erkenntnisprinzip durchdringt. Die Hermetik ist demnach ein Erkenntnisweg, der Gnostische Yoga des Westens.

Auf den folgenden Seiten soll versucht werden, die Kernsätze der Tabula Smaragdina im Sinne der *Heiligen Wissenschaft der Theurgie und Metaphysik* zu deuten; und dabei kann es sich allenthalben nur um einen Versuch handeln. Denn man darf nicht vergessen, dass die Tabula Smaragdina und alles mit ihr Zusammenhängende einer ganz anderen Geisteshaltung entsprossen ist als das moderne Bewusstsein. Das moderne Bewusstsein ist diesseitig, säkular, materialistisch; die Hermetik entspringt jedoch einer sakralen, hohepriesterlichen Kultur, ja einer ganz auf das Jenseits ausgerichteten, ganz von Göttern durchwirkten Kultur, in der es nicht um den äußeren Schein der Dinge geht, sondern um deren Wesen; in der auch der Begriff „Wissenschaft" eine ganz andere Bedeutung hat als heute. Wissenschaft war nur als *Göttliche Erkenntnis-Wissenschaft* denkbar. Es war eine Wissenschaft, die nach den letzten Weltgründen fragt, die im Verborgenen, Geistigen liegen, anstatt sich in der Erhebung äußerer, empirischer Daten zu verlieren.

Darauf hat schon Julius Evola hingewiesen: dass man, um die traditionale, ägyptisch-hermetische Kultur zu verstehen, das moderne Bewusstsein in sich überwinden und buchstäblich in eine „andere Welt" hineintreten muss. In seinem Buch *Die hermetische Tradition* sagt er: „Die hermetisch-alchimistische Tradition gehört nämlich zum Zyklus der vormodernen, ‚traditionalen' Kultur. Um ihren Geist zu verstehen, muss man sich innerlich von einer Welt in eine andere begeben. Man würde sich den Kopf nur mit Wörtern sowie fremdartigen Zeichen und Gleichnissen vollstopfen, wenn man dieses Gebiet studierte, ohne vorher fähig geworden zu sein, die moderne Geisteshaltung zu überwinden und für eine neue Empfindsamkeit wach zu werden, die erst den Zugang zu dem allgemeinen geistigen Strom finden lässt, der dieser Tradition zum Leben verholfen hat. Es handelt sich aber dabei nicht um eine bloß intellektuelle Einstellung. Wir müssen wissen, dass der antike Mensch nicht nur eine andere Art zu denken und zu fühlen hatte, sondern ebenso eine andere Art wahrzunehmen und zu erkennen. Diese andere Erfahrungsweise mittels einer gewissen Bewusstseinsumwandlung wieder in uns wachzurufen, das bildet die unumgängliche Grundlage des gesamten Stoffes, mit dem wir uns beschäftigen werden, und zwar sowohl was das Verständnis als auch was die eventuelle Verwirklichung betrifft. Dann leuchtet bei bestimmten Sprachwendungen ein unerwartetes Licht auf; dann werden bestimmte Symbole zu Wegen eines inneren Erwachens; dann öffnen sich neue Gipfel menschlicher Vollendung; und dann versteht man, wie gewisse ,Riten' eine ,magische' und tätige Kraft annehmen und sich zu einer *Wissenschaft* vereinigen können, die aber natürlich nichts mit dem zu tun hat, was heute unter diesem Begriff verstanden wird."[38]

Denn vergessen wir nicht, dass die Wissenschaft der Theurgie und Metaphysik eine *Initiations-Wissenschaft* ist, der es um die Aufhellung der Großen Arkana allen Daseins geht; eine Wissenschaft, die das Erkenntnisprinzip nicht nur auf das Materielle, sondern auch auf das Geistige anwendet. Der Geist, der transzendentale Nous, wie er im Poimandres-Dialog des Corpus Hermeticum geschildert wird, ist ja ohnehin das Primäre, das Grundlegende, das ewig All-Eine, von dem alles andere, auch das Materielle, sich herleitet.

Die Rätselsätze der Tabula Smaragdina sind gut geeignet, in eine solche arkanologische Wissenschaft einzuführen. Sie sind ein Schlüsseltext innerhalb der abendländischen Geistesgeschichte, die in der östlichen Welt nur mit den Yoga-Sutras des Patanjali, den Sinnsprüchen des Lao-Tse und den Versen der Bhagavad Gita vergleichbar sind. Die Smaragdene Tafel besteht aus 15 aphoristischen Sätzen, die ich als *Stanzen* bezeichnen möchte, ähnlich den *Shlokas* in indischen Lehrgedichten. Jede wird im Folgenden ausführlich kommentiert, und zwar aus einer meditativen Geisteshaltung heraus.

Seite 62

Stanze 1
Es ist wahr ohne Lüge, gewiss und sehr wahr.

Hier tritt es offen zutage: Die Tabula Smaragdina erhebt einen Anspruch auf *Wahrheit*; nicht im relativen Sinne, sondern absolut, unabdingbar, ohne Einschränkung. Es ist transzendentale Wahrheit im höchsten Sinne. Wahrheitsstreben ist das Streben nach Gott, und wer diese Art von Wahrheit erlangen will, muss sich ihr angleichen, muss dieselbe Qualität haben wie diese; denn es kann nur Gleiches von Gleichem erkannt werden. Wer Wahrheit erlangen will, muss sie selbst in sich tragen, er muss jenen Funken transzendentaler Wahrheit in sich haben, der ihn befähigt, mit dem Welten-Logos als der höchsten Wahrheitsquelle vereint und eins zu werden.

Wahrheitsstreben ist Gottesstreben. Die Gleichsetzung von Wahrheit und Gott entspringt alter Upanishaden-Weisheit. In der *Brihad-Aranyaka-Upanishad* beispielsweise lesen wir: „Das brahman ist die Wahrheit". Ebenso sagt die *Chandogya-Upanishad*: „Der Name des brahman ist Wahrheit". Aber nicht nur der Hinduismus, auch andere Weltreligionen neigen dazu, die letzte transzendente Quelle allen Seins schlichtweg als die Wahrheit zu bezeichnen. In der Bibel heißt es: „Ich bin der Weg und die Wahrheit und das Leben, und niemand kommt zum Vater denn durch mich."(Joh. 14,6)

Was ist nun Wahrheit im Sinne der Hermetik? Das höchste Wahrheitsbewusstsein, Gottesbewusstsein ist der *Nous* (altgriechisch νοῦς) als der oberste transzendentale Geist. Dieser kann sowohl individuell als auch allgemein-kosmisch in Erscheinung treten. Individuell ist es der uns allen innewohnende Geistesfunke, der uns mit den höheren göttlichen Ebenen verbindet. Allgemein-kosmisch ist es der große Welten-Logos, der dieses All regiert.

Was ist Wahrheit? Man kann es nicht besser beantworten als mit folgendem hermetischen Traktat, das den Stobaeus-Fragmenten entnommen ist. Es handelt sich um einen Dialog zwischen Hermes Trismegistos und seinem Sohn und Schüler Tat; der Text trägt die Überschrift *Über die Wahrheit*.

Ein Traktat über die Wahrheit

Hermes: Über Wahrheit in angemessener Weise zu sprechen, oh Tat, ist nicht möglich für jemanden, der bloß ein Mensch ist; denn der Mensch ist ein unvollkommenes Geschöpf, zusammengesetzt aus unvollkommenen Teilen [Elementen], und seine vergängliche Gestalt besteht aus vielen ihm fremden Körperformen. Was jedoch in meiner Macht liegt, das sage ich auch, vor allem, dass Wahrheit nur in den ewigwährenden Dingen gefunden werden kann .... Die ewigwährenden Körper, so wie sie in sich selbst bestehen – das Feuer, die Erde, die Luft, und das Wasser in ihrer wahren Gestalt – die sind allerdings wahr. Aber unsere Körper sind aus all diesen Elementen zusammen gebildet; sie tragen nur etwas Feuer in sich, aber auch etwas Erde, Wasser und Luft, aber sie enthalten weder Feuer, Erde, Wasser und Luft in ihrer wahren Gestalt noch überhaupt irgendetwas Wahres. Wenn unser zusammengesetztes System des Körpers also nicht Wahrheit als Anfang und Grundlage besitzt, wie soll es dann für uns möglich sein, Wahrheit zu sehen oder in Worten auszudrücken?

Alle Dinge auf Erden, oh Tat, sind unwahr; einige sind jedoch Abbilder der Wahrheit, nicht alle, sondern nur wenige. Alle anderen sind Illusion und Täuschung, oh Tat, denn sie bestehen nur aus Erscheinung. Wenn die Erscheinung einen Einfluss von oben erhält, wird sie zu einem Abbild der Wahrheit. Solange sie jedoch von der oberen Energie getrennt ist, bleibt sie eine Illusion; ähnlich wie ein gemaltes Bild uns die Erscheinung eines menschlichen Körpers darbietet, aber nicht selbst ein menschlicher Körper ist. Es scheint Augen zu haben, sieht aber nichts; es scheint Ohren zu haben, hört aber nichts. Das Bild hat alles, was ein Mensch besitzt, aber all dies ist Fälschung, und es betrügt die Augen derer, die es betrachten; sie denken, dass, was sie sehen, wahr ist, aber es ist tatsächlich eine Illusion.

Die also, die sich nur an die Erscheinungen halten, sehen Illusionen; aber diejenigen, welche die wirklichen Dinge erkennen, sehen die Wahrheit. Wenn wir die Dinge so denken oder sehen, wie sie wirklich sind, dann denken oder sehen wir wahrheitsgemäß; wenn wir sie anders denken oder sehen, als sie sind, entspricht unser Denken oder Sehen nicht der Wahrheit. Daher also: Wenn ich denke und sage, dass es nichts Wahres auf Erden gibt, denke und sage ich etwas Wahres. – *Tat*: Wie denn: Wenn ein Mensch etwas Wahres denkt oder spricht, ist es nicht rechtens, dies ,Wahrheit' zu nennen? – *Hermes*: Und was folgerst Du daraus? – *Tat*: Wenn es so ist, Vater, so folgt daraus, dass es auf Erden doch etwas Wahres gibt. – *Hermes*: Du irrst, mein Sohn: Es gibt nichts Wahres hienieden auf Erden; Wahrheit kann in keines der Wesen hier unten hineinkommen; dennoch ist es einigen Menschen hier unten möglich, über die Wahrheit richtig zu denken: ich habe also nicht unbedacht gesprochen, als ich sagte, es gäbe nichts Wahres hier unten auf der Erde.

Wie soll es denn möglich sein, mein Sohn, dass irgendetwas Wahres in ein Wesen hier auf der Erde hineinkommt? Denn die Wahrheit ist das absolute und unvermischte Gute: das nicht von Materie Verdorbene, nicht von einem Körper Eingehüllte; es ist frei von Verhüllungen, und es erglänzt in ungetrübtem Licht; das Unwandelbare und Unveränderliche. Aber die Dinge hier auf Erden, mein Sohn – wie *die* sind, das siehst Du selbst. Sie sind nicht in der Lage, Gott zu empfangen; sie sind der Zerstörung und Auflösung unterworfen; sie sind auflösbar und wandelbar; sich ständig ändernd und sich von einem Ding zu einem anderen wandelnd. Wenn sie also nicht in sich selbst wahr sind, wie können sie dann überhaupt wahr sein? Alles Veränderliche ist illusorisch, denn es verbleibt nicht in dem Zustand, in dem es sich befindet, sondern bietet Erscheinungen dar, die sich wandeln.

Alles auf Erden unterliegt der Zerstörung, denn ohne Zerstörung kann nichts entstehen. Das Werdende kommt notwendigerweise aus dem, was zerstört wurde, und das Gewordene muss notwendigerweise wieder zerstört werden, damit der Werdeprozess nicht an ein Ende kommt. Die Dinge, die aus der Zerstörung ins Werden kommen, müssen daher illusorisch sein, denn sie werden zu unterschiedlichen Dingen zu verschiedenen Zeiten. Denn

Seite 66

es ist nicht möglich, dass dieselben Dinge noch einmal zustande kommen; wie aber kann das wahr sein, das nicht dasselbe ist, was es zuvor war? Indem sich die Dinge ändern, sind sie illusorisch. Zugleich musst Du aber verstehen, mein Sohn, dass diese illusorischen Dinge abhängig sind von der Wahrheit, die oben ist; und in diesem Sinne möchte ich sagen, dass die Illusion hervorgebracht wurde durch das Wirken der Wahrheit.

Tat: Und was ist mit dem Menschen, Vater? Ist der nicht wahr? – *Hermes*: Insofern er bloß Mensch ist, mein Sohn, ist er nicht wahr. Denn das Wahre ist, was nur aus sich selbst besteht, und das so auch weiterhin bleibt; aber der Mensch zeigt sich aus vielem Verschiedenem zusammengesetzt, und er bleibt nicht so, wie er in sich selber ist, sondern wendet sich und wandelt sich von einer Zeit des Lebens zur anderen, und von einer Form in eine andere. Oftmals können Menschen selbst nach kurzer Zeit ihre eigenen Kinder nicht mehr erkennen, und die Kinder umgekehrt nicht ihre Eltern. Und wenn sich etwas so ändern kann, dass man es nicht mehr erkennt, wie kann das Wahrheit sein? Ist es nicht eine Täuschung, umso mehr als sich seine Wandlungen in ständig wechselnden Erscheinungen äußern? Du musst verstehen, dass das, was immer ist, und das allein, die Wahrheit ist. Aber der Mensch währt nicht immerfort; und deswegen ist er nicht etwas Wahres, sondern nur eine Erscheinung. Wir sollten daher die Menschen eher ‚Erscheinungen' nennen, mein Sohn, wenn wir sie recht benennen wollten. Wir sollten ein Kind ‚die Erscheinung eines Kindes', einen Jüngling ‚die Erscheinung eines Jünglings', einen Erwachsenen ‚die Erscheinung eines Erwachsenen', und einen alten Mann ‚die Erscheinung eines alten Mannes' nennen: denn das Kind bleibt nicht ein Kind, der Jüngling auch nicht, der Erwachsene und der alte Mann ebenso wenig. Die Erscheinung ist demzufolge also eine Täuschung. –

Tat: Aber wie steht es mit den ewigwährenden Körpern [Himmelskörpern], Vater? Sind diese auch unwahr? – *Hermes*: Alles dem Wandel Unterworfene ist unwahr; und die ewigwährenden Körper tragen auch etwas Illusorisches in sich, insbesondere weil sie dem Wandel unterliegen, denn nichts ist wahr, das nicht so bleibt, wie es ist. Da diese Körper jedoch vom Vorvater einst als unzerstörbare Körper geschaffen wurden, so mag es wohl sein, dass die Existenz, die sie von ihm empfangen haben, eine wahre ist. *Tat*: Was nun, Vater, kann als wahr im höchsten Sinne bezeichnet werden? – *Hermes*: Er allein, mein Sohn, und niemand sonst: der nicht aus Materie Bestehende; der nicht Verkörperte; der Farb- und Formlose; der Unwandelbare und Unveränderliche; der immer Seiende.

Fassen wir hier nun zusammen: Wahr im Sinne der hermetischen Philosophie ist alles Beständige, Unwandelbare, Ewige, Geistig-Urbildliche; alles Zusammengesetzte aber ist illusorisch. Und das Wahre kommt stets von oben, es ist identisch mit der oberen [geistigen] Welt.

Stanze 2

Was das Untere ist, ist wie das, was das Obere ist. Und das, was das Obere ist, dient wie das, was das Untere ist, um die Wunder einer Sache zu Stande zu bringen.

Wie oben, so unten – der Analogiesatz

Von Hermes Trismegistos stammt die Erkenntnis, dass die niederen und die höheren Welten einander genau entsprechen: „Wie oben, so unten", und umgekehrt: „Wie unten, so oben". Eingraviert stehen diese zeitlos gültigen Wahrheitsworte in der Tabula Smaragdina, wo es in Satz 2 heißt: *„Was das Untere ist, ist wie das, was das Obere ist"*.

Wie ein Kommentar zu diesem Satz liest sich jener Passus aus dem Buch *Kore Kosmou*, wo Isis ihren Sohn Horus über die Mysterien des Weltganzen belehrt: „Da der Himmel mit seinen vielen Kreisen, mein Sohn Horus, über der Welt der unteren Dinge liegt, so ist es zwingend, dass diese untere Welt in Ordnung gesetzt und mit Inhalt gefüllt wird von dem, was seinen Sitz oben hat; denn die unteren Dinge besitzen nicht die Macht, die obere Welt in Ordnung zu bringen. Die Kleineren Mysterien müssen daher den Großen unterliegen, denn das System der Dinge oben auf den Höhen ist stärker als die unteren Dinge, und überaus standfest, denn es kann nicht von den Gedanken sterblicher Menschen begriffen werden."[39] *„Wie oben, so unten"* – man nennt diesen Satz das Analogiegesetz oder den hermetischen Satz schlechthin. Die niedere Welt der Stofflichkeit, gebildet aus den vier Elementen und dem feurigen Äther, und die höhere Welt, das heißt die astrale und geistig-göttliche Welt mit allen ihren Sphären, Hierarchien und Bewohnern – sie bilden einen engen Zusammenhang. Es besteht ein enger, unauflöslicher Wechselbezug zwischen den oberen und den unteren Welten, denn überall waltet das Prinzip der Analogie, der Entsprechung.

Den physischen Naturgesetzen entsprechen geistige Schöpfungsgesetze, dem sinnlich Wahrnehmbaren liegen geistige Urbilder zugrunde. In der Erkenntnis dieser geistigen Urbilder und Schöpfungsgesetze, die das All durchwalten, besteht die eigentliche Aufgabe der Hermetik, die sich nicht damit begnügen darf, bloß die niedrigsten Verdichtungsstufen des Schöpfungsganzen geistig zu durchdringen. Oft werden jene Schöpfungssphären, die über das rein Stoffliche hinausgehen, als okkult bezeichnet. Aber das Wort okkult bedeutet eigentlich nur verborgen, und verborgen bleiben jene Sphären in der Tat demjenigen, der keinen Zugang zur Welt des Spirituellen besitzt. Nur dem spirituell Erwachten werden sich diese höheren Realitätsebenen in ihrer ganzen Seinsmacht offenbaren! Wir verwenden das Wort okkult im Sinne von transmateriell und geistig-göttlich, nie aber im Sinne von okkultistisch.

Statt „Wie oben, so unten" kann man auch sagen: „Wie im Himmel, so auf Erden". Mit der Erde ist hier das Reich der grobstofflichen Materie gemeint, mit dem Himmel jene höheren, unsichtbaren,

„okkulten" Seins- und Wirklichkeits-Ebenen, die für den Verstandesmenschen bloße Phantasieprodukte, für den Hermetiker aber lebendige Geist-Realitäten sind. Alles Irdische ist vor- und urgebildet im Himmlischen: „Wie im Himmel so auf Erden. *Eine Grundlage des Seins durchdringt wahrhaftig die ganze Existenz. Gerade diese Grundlage sollte der Menschheit helfen, die Hierarchie der Unbegrenztheit zu verstehen. Wer wird dann Zweifel hegen, dass in jedem irdischen Gegenstand der Wille eines Wesens ausgedrückt wird? Ohne Willen kann kein irdischer Gegenstand erschaffen noch in Bewegung gesetzt werden. So ist es auf Erden und ebenso ist es in der Höheren Welt."*[40]

Der Satz „Wie oben, so unten" lässt sich gut nachweisen am Beispiel der Analogie zwischen Mensch und Kosmos. Wir fassen in der Hermetik das Weltganze als einen Kosmos auf, dies Wort zu verstehen im Sinne von Ordnung, Schmuck, Zierde und sinndurchwirktes Ganzes. Und es gibt ein allwaltendes Weltgesetz, dem wir alle unterstehen, das der wechselseitigen Entsprechung von Makrokosmos und Mikrokosmos. Stets ist das Kleine ein Abbild des Großen, das Untere ein Abbild des Oberen, der Mensch als geistbeseeltes Wesen ein Abbild des Universums. So ist es einerlei, ob man sagt: *Der Mensch ist ein Universum im Kleinen*, ein Abbild des Welten-Organismus, oder ob man sagt: *Das Universum ist ein Mensch im Großen*, das Urbild des Menschenwesens. Der Mensch ist nicht nur ein irdisches, sondern auch ein kosmisches Wesen, und umgekehrt erweist sich der Kosmos als ein in jeder Hinsicht dem Menschen analoges Wesen.

In diesem Sinne verstand der Dichter Novalis

(1772–1801) das All als ein dem Menschen in jeder Hinsicht ähnliches, mit Empfindung, Seele, Geist und Bewusstsein ausgestattetes Lebewesen: „Die Welt ist der Makroanthropos. Es ist ein Weltgeist, wie es eine Weltseele gibt. Die Seele soll Geist – der Körper Welt werden. Die Welt ist noch nicht fertig – so wenig wie der Weltgeist; aus einem Gott soll ein Allgott werden, aus *einer* Welt ein Weltall .... Bildung der Seele ist also Mitbildung der Weltseele und also indirekt religiöse Pflicht."[41] Wir sind ein Teil des Weltganzen, und in dem Maße, in dem wir uns selbst vervollkommnen, tragen wir bei zur Vervollkommnung des Kosmos. „Wenn der Geist der Wahrheit begreift, dass der Makrokosmos und der Mikrokosmos untrennbar miteinander verbunden sind, wird eine bewusste Verbindung hergestellt, und die Zusammenarbeit mit den kosmischen Energien wird möglich."[42]

Der Kosmos als „Großer Mensch", als *Makroanthropos*, wie Novalis es sagte – das bedeutet, dass der Kosmos belebt ist, ja dass er verschiedene Grade der Bewusstheit besitzt, die in einem kosmischen All-Bewusstsein gipfeln. Alles, was den Menschen ausmacht, nämlich die Dreiheit von Körper, Seele und Geist, muss somit auch auf den Kosmos zutreffen, wenn denn der Satz „Wie unten, so oben" gelten soll. Die Vorstellung vom Kosmos als einem belebten, beseelten und geistdurchwirkten Ganzen war den Weisen der Antike noch durchaus geläufig; erst der Ära des Materialismus blieb es vorbehalten, den Kosmos als eine unbelebte Masse toter Materie zu sehen, eine ganz irrige Sichtweise, die den wirklichen Schöpfungsgesetzen des Alls in keiner Weise entspricht.

Seite 72

Der Kosmos, hermetisch aufgefasst als Makroanthropos, besitzt Weltkörper, Weltseele und Weltgeist – alle drei aber innig miteinander verwoben und ein geistlebendiges Ganzes bildend. Der Weltkörper des Kosmos zunächst ist angefüllt von den zahlreichen Himmelskörpern, die das physisch sichtbare Universum bevölkern, wobei jeder davon selbst wieder einen Makroanthropos oder „vergrößerten Menschen" darstellt. Denn auch das verlangt das Gesetz der Analogie, dass die Himmelskörper im All menschenähnliche Wesen sind, nicht ihrer Gestalt, aber wohl ihrer Wesenszusammensetzung nach. Die Weltseele des Kosmos umfasst ebenfalls unzählige Welten, nur eben feinstoffliche, astrale, die unser physisches Auge nicht wahrzunehmen vermag. Der Weltgeist ist jenes denkende Universalbewusstsein, das den Kosmos und alles Belebte darin durchdringt.

Die Dreiheit von Weltkörper, Weltseele und Weltgeist offenbart das Geheimnis der drei Welten, die urbildhaft im Makrokosmos, abbildhaft im Mikrokosmos existieren. Diese drei Welten heißen – die physische Welt, die in ihrer Gesamtheit einen großen Weltkörper bildet; die von der Weltseele durchdrungene astrale Welt; und die geistig-göttliche Welt, die als unendliche Vielheit ewig-existierender Welten im Weltgeist enthalten ist. Die *Geheimlehre* nennt diese drei Welten „die *Präexistierende*, evolviert aus der *Ewigexistierenden*, und die *Phänomenale* – die Welt der Täuschung, des Widerscheins, und des Schattens davon."[43]

Auch in der alchemistischen Philosophie wird von einer Dreiteilung der Wirklichkeit ausgegangen. So sagt der Alchemist Robert Fludd (1574–

1637), und er befindet sich damit vollkommen in Einklang mit der uralten hermetischen Weisheit: „Der Makrokosmos ist in 3 Hauptregionen eingeteilt: *Empyreum* (spirituelle Welt), *Aetherium* (Astralregion) und *Elementarregion* (materielle Welt); jede ist mit himmlischem Feuer angefüllt und von unzähligen Ozeanen von Astrallicht durchdringen, dessen Quantität und Qualität sich verringert, je weiter entfernt die Region von der Zentralsonne ist. Die Vereinigung des himmlischen Feuers und des Astrallichts konstituiert die Seele des Universums."[44] Diese drei Welten unterscheiden wir also – die elementare, die astrale und die geistig-göttliche Welt; oder Weltkörper, Weltseele und Weltgeist.

Der Mensch als Mikrokosmos hat Anteil an allen diesen drei Welten. Wir sind nicht nur Teile des Weltganzen, sondern wir tragen ein Abbild des Weltganzen in uns. Deshalb ermahnt uns der Satz „Wie oben, so unten" zu vertiefter Selbsterkenntnis. Erkennen wir also, dass wir ein All im Kleinen sind, ein Teilgeist aus dem unendlichen Geist Gottes. Wir sind ein Tropfen aus dem Ozean des göttlichen Urlichts. Alles tragen wir in uns, auch ein Abbild jener geistigen Ur- und Zentralsonne, die das makrokosmische All erleuchtet.

Stanze 3

Und wie alle Dinge von einem her stammen, durch den Plan eines: so stammen alle geschaffenen Dinge von dieser einen Sache her durch Adoption.

Das Universum – ein Gedanke Gottes

Um diesen Vers besser verstehen zu können, um seinem ursprünglichen Sinn näher zu kommen, müssen wir ihn in seinem lateinischen Original betrachten. Der Vers lautet auf Lateinisch: *Et sicut omnes res fuerunt ab uno, meditatione unius: sic omnes res natae fuerunt ab hac una re, adaptione.* Hier sieht man, wie unzureichend die deutsche Übersetzung ist: sie sagt, alle Dinge seien durch „den Plan eines" entstanden, im Original steht aber *meditatione unius*, durch die Meditation Eines. Plan oder Meditation, das ist hier die entscheidende Frage.

Das Wort Plan legt ein rationales Kalkül nahe; man denkt an einen Weltenschöpfer, der wie ein Architekt das Weltengebäude in seinem Verstand entworfen hat. Meditation bedeutet etwas ganz anderes. Es besagt, dass das Universum aus der Tiefe der Herzens-Meditation entstanden ist – *das Universum ist ein Gedanke Gottes.*

Ja, es ist in der Tat so: Das gesamte Universum ist ein Gedanke Gottes. Alles, was in der sogenannten realen materiellen Welt existiert, war ursprünglich ein Gedankenbild. Dieses Gedankenbild wurde mit astralen, ätherischen, vitalen und materiellen Kräften durchwirkt, bis es Teil der irdisch-materiellen Welt wurde. Der Pflanze zum Beispiel liegt das Gedankenbild der Pflanze zugrunde; dem Tier das Gedankenbild des Tieres. Das bedeutet wirkliches Schöpfertum. Die Schöpfung geht vom Geist zur Materie, nicht umgekehrt.

Dem sichtbaren Universum liegt eine geistige Urwelt, ein geistiges Meta-Universum zugrunde. Dieses ist direkt aus den schöpferischen Kräften des *Logos* hervorgegangen. Der Logos, also der schöpferische Gottesgeist, ist der Architekt und Urheber des Weltganzen; denn alles ist aus dem Logos hervorgegangen und nichts existiert außerhalb des Logos.

Würden doch die Menschen begreifen, welch hohen Rang sie einnehmen und welche gewaltige Kraft ihnen dadurch in die Hand gegeben wurde, dass sie Teilhaber am Logos sind – *dass sie des Gedankens fähig sind.*

Gedanken können in zweierlei Form auftreten, als Bilder und als Begriffe. Man spricht also von *konkretem* und *abstraktem* Denken. Diese beiden Formen des Denkens entsprechen den zwei höheren Welt-Ebenen, der niederen und der höheren Mentalwelt. Alle Gedanken entspringen der Mentalwelt; sie existieren dort als eigenständige Wesenheiten. Beim physisch inkarnierten Menschen ist das Gehirn nicht das Organ, das Gedanken *produziert*, wie die Materialisten glauben, sondern das, welches Gedanken *wahrnimmt.*

Man muss unter dem Begriff Gedanken etwas anderes als die Produkte rein materiellen Intellektdenkens verstehen. Es ist wohl wahr, dass ein Zeitalter, das unter dem Bann des Materialismus steht,

Seite 76

das wirkliche Wesen des Gedankens nicht erfassen kann. Gedanken sind Realitäten, etwas Wesenhaftes, Wirkliches, das für sich selbst existiert, und zwar nicht nur als Seiendes, sondern als reines Sein. Gegenüber solchem reinen Sein erscheinen die Gehirn-Gedanken des irdischen Intellekts als blasse schemenhafte Widerspiegelungen jener wirklichwesenhaften Gedanken, die in den höheren Ebenen der Mentalwelt präexistieren. Dabei betrachten wir die Substanz der Gedanken durchaus als eine Art Stofflichkeit, jedoch eine Qualität des Stoffes, die noch feinstofflicher ist als das Astrallicht, noch plastischer, bildsamer, biegsamer als selbst die feinsten Abarten des Äthers.

Zum Wesen der Gedanken gehört auch, dass sie etwas Wirkendes, Schaffendes, Hervorbringendes sind. Allen Dingen, die auf der sinnlich-physischen Ebene existieren, liegt ein Gedankenplan in der Mentalwelt zugrunde. Man kann es auch mit einem Gleichnis ausdrücken: Ein Haus könnte nicht gebaut werden, wenn es nicht zuvor einen mentalen Plan im Geist des Architekten gäbe, der in vielen Zwischenschritten ausgeführt wird, bis er zuletzt sinnlich in Erscheinung tritt. Ebenso gilt: Das Haus des materiellen Universums könnte schlechterdings nicht existieren, wenn es nicht irgendwo einen Gedankenplan dieses Hauses gäbe – eine Art Entwurf, eine Urform, ein Prototyp im Geiste, dem das Haus selbst sein Bestehen zu verdanken hat. Läge dem materiellen Universum nicht ein mentaler Plan zugrunde, so würde dieses vielleicht gar nicht existieren; oder es wäre bestenfalls ein wildes Gewirr chaotisch durcheinanderwogender Kräfte, aber kein Kosmos, kein geordnetes Ganzes. Und es gibt in der

Tat einen mentalen Plan unserer physischen Welt –
es ist die Welt der Mentalebene, wo die Gedanken-
Urformen aller materiellen Dinge als schöpferische
Prägekräfte existieren.

Es gibt Gedankenkräfte, die in ihrer Wirkmacht
weit über das hinausgehen, was in der uns bekannten, dreidimensionalen Raumzeitwelt üblich ist.
Aber wie wenig zeigt sich der mental beschränkte
Jetztmensch in der Lage, diese Kräfte auszuüben!
Ein Großteil unseres geistigen Potentials liegt brach
und ist ungenutzt. Ein Teil dieser Kräfte ist aus der
sogenannten Parapsychologie bekannt; doch in
Wahrheit handelt es sich bei ihnen um echte *weiß-
magische* Kräfte; denn *Weiße Magie* ist nichts anderes
als *Herrschaft des Geistes über die Materie*.

Der Mensch ist aufgrund seiner Gottesebenbildlichkeit und seiner Teilhabe am Logos ein weißma-
gisches Wesen. Würde der Mensch die hier genannten Gedankenkräfte tatsächlich ausüben, so wäre er
fürwahr Gottes Stellvertreter und höchster Admi-
nistrator der Schöpfung. In enger Partnerschaft und
Zusammenarbeit mit den geistigen Hierarchiewe-
sen, den Götter- und Engelhierarchien, würde der
Mensch im Universum als Sachwalter göttlicher
Gesetze wirken, und zwar zum Wohle aller lebenden Wesen.

Die mächtigste aller Gedankenkräfte ist *Kriyashakti*. In der von H. P. Blavatsky verfassten *Geheimlehre* wird Kriyashakti definiert als „die geheimnisvolle Kraft des Gedankens, welche denselben befähigt, äußere, wahrnehmbare, phänomenale Resulta-
te durch die ihm innewohnende Energie hervorzubringen. Die Alten waren der Ansicht, dass jede
Idee sich äußerlich offenbaren wird, wenn jemandes

Aufmerksamkeit tief auf dieselbe konzentriert ist. Auf ähnliche Weise wird einer intensiven Willensbewegung das verlangte Resultat folgen. Ein Yogi bewirkt im allgemeinen seine Wunder mit Hilfe von … Kriyashakti".[45]

In den Stanzen des *Buch Dzyan* wird gesagt, dass die ursprünglichen Menschen, die „Söhne von Wille und Yoga", mit Hilfe von Kriyashakti erschaffen wurden[46]. In der Tat, mit Kriyashakti kann man ein neues Menschentum erschaffen – eine neue Menschheit, wie sie dem Mythos zufolge Prometheus erschuf, der er dann die Gabe des Feuers verlieh. Kriyashakti verleiht uns die Kraft, jeden beliebigen Gegenstand im dreidimensionalen Raumzeit-Universum hervorzubringen und wieder verschwinden zu lassen. Auch ein neuer physischer Körper lässt sich mit Hilfe von Kriyashakti erbauen, wobei all diese Schöpfungen ursprünglich als Gedankenbilder existieren, dann aber durch Zufuhr von ätherischer Lebenskraft zunehmend verdichtet werden, bis sie zuletzt Bestandteile des materiellen Universums geworden sind. Kriyashakti ist die ursprüngliche und primäre Schöpfungskraft.

Am Beispiel von Kriyashakti sieht man, welch gewaltige Wirkung Gedankenkräfte entfalten können. Es handelt sich hier offenkundig um solche Kräfte, die Patanjali in seinen Yoga-Aphorismen als *Siddhis* beschrieben hat – Kräfte, die dem Adepten im Laufe seiner Entwicklung von allein zuwachsen, auf deren Besitz er aber keinen Wert legt; denn solche Kräfte werden nicht um ihrer selbst willen angestrebt.

Noch ein weiteres Beispiel für Gedankenkräfte müssen wir hier nennen: das *mentale Reisen*. Im dreidimensionalen Raumzeit-Universum gibt es keine höhere Geschwindigkeit als die Lichtgeschwindigkeit. Auf der Astralebene kann man sich schon wesentlich schneller als das Licht fortbewegen. Allein *Reisen mit Gedankenschnelle* kann nur auf der Mentalebene stattfinden. Es ist ein Sich-Versetzen an einen anderen Ort, der im Bruchteil eines Augenblicks erfolgt, und das Instrument dazu ist unser eigener Mentalkörper.

Dies alles vermag Gedankenkraft. Der Gedanke ist ein elektrischer Funke göttlichen Feuers, der uns in die Lage versetzt, Raum und Zeit, Energie und Materie zu beherrschen. Der Gedanke ist die Brücke zwischen den Welten, zwischen Vergangenheit, Gegenwart und Zukunft. Schneller als das Licht durcheilt er die fernsten Weltenräume, und unbegrenzt ist seine Schöpferkraft. Selbst zu den Höhen der geistig-göttlichen Welt vermag der Gedanke sich zu erheben. Gott selbst als der schöpferische Logos-Geist ist der Urquell aller Gedanken; und doch kann kein Gedanke ihn erfassen. Gott steht noch über allem Gedankenleben.

Der Stein der Weisen – der Mensch

Wir haben nun gesehen, dass das ganze Universum durch die Meditation des All-Einen entstanden ist. In Stanze 3 der Tabula Smaragdina steht jedoch der Satz: *„so stammen alle geschaffenen Dinge von dieser einen Sache her durch Adoption"*. Die Frage erhebt sich: Wer oder was ist denn nun diese „eine Sache", von der alle geschaffenen Dinge herstammen? Die alchemistische, d. h. die äußerliche, labortechnische Interpretation der Tabula Smaragdina besagt, dass diese eine Sache der vielgerühmte, vielgesuchte

Stein der Weisen sei, der *lapis philosophorum,* jenes magische Universalmittel, das alle Schöpfungskräfte des Alls beinhaltet, das selbst Blei in Gold zu verwandeln vermag, und in dessen Besitz man sich zu bringen versucht. Was ist dieser Stein der Weisen? Gibt oder gab es ihn tatsächlich? Ist er ein äußeres, materielles Objekt – oder eine Metapher für etwas Höheres, Unbegreifliches?

Den Stein der Weisen für einen äußeren Gegenstand zu halten, scheint doch eine allzu materialistische Deutung zu sein. Für ein „Ding" wurde auch der Heilige Gral gehalten: *„Das war ein Ding, das hieß der Gral / Ein Hort von Wundern ohne Zahl"*, so dichtete einst Wolfram von Eschenbach in seinem Parzival-Epos. Später erfahren wir dann, der Heilige Gral sei jener Edelstein gewesen, der dem Lucifer aus der Krone fiel, als dieser auf die Erde herabstürzte. Der Gral in Wolframs Beschreibung trägt so ausgeprägt märchenhafte Züge, dass man ihn nur als einen mythischen Gegenstand betrachten kann. Er wird geschildert als einen „makellos reinen Stein (....) Er heißt *lapsit exillis.* Die Wunderkraft des Steines lässt den Phönix zu Asche verbrennen, aus der er zu neuem Leben hervorgeht. Das ist die Mauser des Phönix, und er erstrahlt danach ebenso schön wie zuvor. Erblickt ein totkranker Mensch diesen Stein, dann kann ihm die folgende Woche der Tod nichts anhaben. Er altert auch nicht, sondern sein Leib bleibt wie zu der Zeit, da er den Stein erblickt. Ob Jungfrau oder Mann: wenn sie, in der Blüte ihres Lebens stehend, den Stein zweihundert Jahre lang ansehen, ergraut lediglich ihr Haar. Der Stein verleiht den Menschen solche Lebenskraft, dass der Körper seine Jugendfrische bewahrt. Diesen Stein nennt man auch den Gral"[47]. Dabei wird dem Heiligen Gral eine Wunderkraft zugesprochen, wie sie sonst nur dem alchemistischen Stein der Weisen eigen gewesen ist.

Doch weder der Gral noch der Stein der Weisen sind äußere, mit Händen greifbare Gegenstände. Nein, das magische Universalmittel, das den Stoff in Geist transformiert, ist der Mensch selbst, und die *Tabula Smaragdina* kündet im eigentlichen Sinne vom Menschengeheimnis! Sie spricht zwar durchweg von der „einen Sache", aber wer ist diese Sache sonst, wenn nicht der Mensch? Und so liest sich der Wortlaut der Smaragdenen Tafel, wenn man Sache durch MENSCH ersetzt:

> Und das, was das Obere ist, dient wie das,
> was das Untere ist, um das Wunder
> des MENSCHEN zu Stande zu bringen. –

Das Kleine ist stets ein Abbild des Großen, das Untere eines des Oberen, und die vereinten Kräfte von Makrokosmos und Mikrokosmos wirken zusammen, um das Wunder des Menschen hervorzubringen. Und weiter können wir sagen:

> Und wie alle Dinge von einem her stammen,
> durch den Plan eines: so stammen alle
> geschaffenen Dinge vom MENSCHEN her
> durch Adoption. –

Nicht vom Einzelmenschen ist hier die Rede, sondern vom geistigen All- und Universalmenschen, der im *Corpus Hermeticum* als der *Anthropos* beschrieben wird; aus Gott hervorgegangen, war er

Seite 82

ursprünglich selbst ein Bestandteil des göttlichen
Schöpfergeistes; als Bruder des Demiurgen hat er
Anteil am Schöpfungswerk, und insofern kann man
sagen: alle geschaffenen Dinge stammen von ihm.
Sie stammen von ihm in jenem früheren Schöp-
fungszustand, in dem der Mensch und der Weltenschöpfer, der *Anthropos* und der *Demiurg*, noch miteinander vereint waren!

Vom *Wunder des MENSCHEN* kündet die Smaragdene Tafel des Hermes Trismegistos! In dem hermetischen Dialog *Asclepius* lesen wir: „Deshalb, oh Asclepius, ist der Mensch wahrhaft ein Wunder; Heil
und Verehrung einem solchen Wesen! Der Mensch
trägt die Natur eines Gottes an sich, so als ob er
selbst ein Gott wäre; er ist vertraut mit den Halbgöt-
tern, weil er sich als gleichen Ursprunges wie sie
erkennt; und stark in der Bestätigung des Teiles in
ihm, der göttlich ist, verachtet er den bloß menschlichen Teil seiner Natur. Um wie viel glückbringen-
der ist doch die Natur des Menschen als die der anderen Wesen! Er steht in Verbindung mit den Göttern, indem eine Göttlichkeit in ihm waltet, die mit
jenen stammverwandt ist; er verachtet den Teil seines Wesens, der ihn zu einem bloßen Teil der Natur
macht, und alles andere, was er auf Geheiß der
himmlischen Ordnung mit sich verbunden fühlt,
zieht er an sich mit dem Band seiner Zuneigung.
Voll Verehrung erhebt er seinen Blick hoch zum
Himmel, und er berührt die Erde unter sich. Geseg-
net in seiner Mittelstellung, steht er so da, dass er
alles unter ihm liebt und von allem über ihm geliebt
wird. Er besitzt Zugang zu allem: er steigt in die
Tiefen des Meeres hinab vermöge der Kühnheit
seiner Gedanken, und der Himmel scheint nicht zu

hoch für ihn zu sein, denn er durchmisst ihn mit dem Scharfsinn seines Geistes, soweit er in seiner Reichweite liegt. Mit Schnelligkeit durchdringt er die Elemente: die Luft kann die Vision seines Geistes selbst mit ihrer größten Dunkelheit nicht verdecken; die dichteste Erde kann seine Arbeit nicht hindern, das tiefste Wasser seinen nach unten gerichteten Blick nicht trüben. Der Mensch ist überall; ja mehr noch: Der Mensch ist alles."[48]

Der hermetische Anthropos

Der Mensch ist in der Sicht der Hermetik ein sterblicher Gott. Dem Agathos Daimon, auch er eine Geistwesenheit und ein Lehrer der Hermetik, wird der Ausspruch in den Mund gelegt: *„Die Götter sind unsterbliche Menschen, und die Menschen sterbliche Götter"*. Wenn der Mensch in der Hermetik als ein kosmisches Wesen gesehen wird, dann muss die Menschwerdung eng mit der Entwicklung des Kosmos verbunden sein. Schildert die hermetische *Kosmogenesis* die Entstehung des Kosmos aus dem uranfänglichen Geist-Wort, die Formung der vier Elemente, der Planeten und der Erde bis zur Bildung tierischer Lebensformen, so behandelt die *Anthropogenesis* das Geheimnis der Menschwerdung. Es geht in ihr um die Erschaffung des urbildlichen Geistesmenschen, um seine Herabkunft in die stoffliche Erdenwelt, schließlich um die Bildung menschlicher Urtypen und die Geschlechtertrennung.

Die hermetische Anthropogenesis betont zunächst den übersinnlich-geistigen Ursprung des Menschenwesens. Die in höchster Schau gesehene Gottheit, der universale Nous, bildet sein eigenes Ebenbild zum *Anthropos*, zum kosmischen Univer-

Der Allvater

NOUS, der Allvater und Weltgeist.
Aus ihm geht das schöpferische
Geistwort, der LOGOS hervor.

Der Demiurg

Der weltenerschaffende Geist,
erbildet die niederen materiellen
Welten aus Geistfeuer.

Der Anthropos

Der Ur- und Allmensch, Bruder des
Demiurgen, steigt in die Materie
hinab, vermählt sich mit der Natur.

salmenschen: „Aber der Weltgeist und Allvater, der das Leben und das Licht ist, gebar den Menschen [Anthropos], ein Wesen wie Er selbst. Und Er erfreute sich an dem Menschen als einem Wesen gleichen Ursprungs; denn er war in seiner Ebenbildlichkeit des Vaters von überwältigender Schönheit. Es war also seine eigene Gestalt, die Gott an dem Menschen liebte; und so stellte Er ihm alles Geschaffene zu Verfügung."[49]

Der Anthropos als urbildlicher Geistes-Mensch weilt in der selben Sphäre wie der Demiurg, also oberhalb der Planetensphären; als er aber die aus feurigem Äther gebildeten Schöpfungen des Demiurgen sieht, erwacht in ihm der Wunsch, selbst schöpferisch tätig zu werden. Diesem Wunsch wird von Seiten des Nous stattgegeben; und als der Anthropos auf die weit unter ihm liegende Erde hinabsieht, erblickt er in der Natur ein Spiegelbild seiner eigenen göttlichen Gestalt.

Von diesem Spiegelbilde wie magisch angezogen, stieg er – die Planetensphären durchbrechend – zur Natur hinab, mit der er sich innig vermählte. Daraufhin erschuf die Natur in Verbindung mit dem zur Erde hinabgestiegenen Anthropos die sieben menschlichen Urtypen, die als Hermaphroditen noch beide Geschlechter ungeschieden in sich trugen. Erst eine spätere Schöpfungsperiode bringt die Geschlechtertrennung mit sich; und seitdem vermehren sich die Menschen geschlechtlich.

So ist der Mensch in der hermetischen Philosophie ein in die Materie hinabgestiegener Gott; ein zutiefst zwiespältiges Wesen, das sowohl die irdische Stoffesnatur als auch die ewige Geistesnatur als Bestandteile seines Wesens in sich trägt: „Und das ist der Grund, warum der Mensch im Unterschied zu allen anderen Lebewesen auf der Erde zwiefältig ist, sterblich zwar auf Grund seiner körperlichen Natur, aber unsterblich auf Grund seiner ewigen Menschennatur. Als Unsterblicher hat er alle äußerlichen Dinge in seiner Gewalt; und doch erleidet er das Los der Sterblichkeit, als ein dem Schicksalswalten Unterworfener. Er ist weit über alle Himmelssphären erhaben; und doch ist er von Geburt an ein Sklave der Schicksalsmacht. Er trägt wie sein männlich-weiblicher Vater beide Geschlechter in sich, und wie sein Vater lebt er ohne je zu ruhen; und doch wird er beherrscht von sinnlichen Trieben und von Vergesslichkeit."[50]

Seite 86

Nach der Kosmo- und der Anthropogenesis beschreibt die Hermetik den Aufstiegsweg des Menschen zu seinem Ursprung, zum Göttlich-Urbildlichen. Dieser Weg vollzieht sich in drei Stufen: zuerst die Ablegung des physischen Leibes, sodann der schrittweise Aufstieg durch die Planetensphären und die Fixsternsphäre, zuletzt das Einswerden des Menschen mit Gott durch Erkenntnis, die Gottwerdung oder *Theogenesis*. Hermes Trismegistos sagt in den Gesprächen mit seinen Jüngern, es sei Gottes Wille, *„dass alles Menschliche sich zum Göttlichen wandeln soll"* – das Ziel der Hermetik liegt also in einer Alchemie der Seele, einer Transmutation des Menschen in eine Geistwesenheit.

Der aus den vier Elementen gebildete Mensch bleibt zwar unabdingbar an den Schicksalsspruch der Planetengötter gebunden, doch gilt dies nur für diejenigen Menschen, die den Geist (im Sinne von Nous) nicht besitzen. Geist im Sinne von Logos – Verstand, Rede – ist zwar allen Menschen von Natur aus eigen, der Nous als das Göttlich-Geistige jedoch nicht. Der Nous ist ein Geschenk Gottes, das nur ganz Wenigen zukommt, und von diesen wird dann gesagt: „Die aber Anteil an dem Geschenk Gottes haben, die sind im Vergleich mit den anderen Sterblichen wahrhaft Unsterbliche: denn mit ihrem Geist können sie die Ganzheit aller Weltdinge umfassen, die irdischen ebenso wie die himmlischen, ja selbst die über dem Himmel befindlichen Dinge, sofern es sie gibt; und auf dieser Höhe der Schau sehen sie das Gute."[51]

Anders als der Verstand ist der Geist wahrhaft göttlicher Natur; er befreit den Menschen vom Bann der planetaren Schicksalsgötter und öffnet ihm die

Tore zum Gott-Wissen. Im IV. Buch des *Corpus Hermeticum* (*Das Kelchgefäß*) ist von einem Kelchgefäß des Geistes die Rede, in dem die zur Gottwerdung Auserwählten getauft werden sollen. Im XIII. Buch (*Eine Geheimrede des Hermes Trismegistos an seinen Sohn Tat: Über die Wiedergeburt*) erfahren wir, wie das Mysterium der Wiedergeburt im Geiste vor sich geht. Unter Wiedergeburt verstehen wir in der Hermetik die Geburt aus dem physischen Körper hinaus und in einen unsterblichen Geistkörper hinein; ein so Wiedergeborener wird ein „Sohn Gottes" genannt, und er trägt das All in sich. Von ihm darf dann gesagt werden: „Er ist das All und auch in Allem; denn er hat keinen Anteil mehr an körperlicher Substanz; vielmehr hat er Anteil an der Substanz des Geistigen, und er ist vollständig aus göttlichen Energien zusammengesetzt."[52]

Der Wiedergeborene, der in die Hermetik Eingeweihte, hat das mystische All-Einheits-Bewusstsein erlangt; er ist mit dem Kosmos und insofern auch mit Gott eins geworden. Als Hermes' Sohn Tat die Wiedergeburt erlangt hat, bekennt er: „Vater, nun da ich mit den Augen des Geistes sehen kann, sehe ich mich als das All. Ich bin im Himmel und auf der Erde, im Wasser und in der Luft, in Tieren und in Pflanzen; ich bin ein Kind im Mutterleib, ein noch nicht empfangenes und ein schon geborenes Kind; ich bin überall anwesend."[53] Im Besitz einer geläuterten Geistleiblichkeit steigt der hermetisch Eingeweihte durch die sieben Planetensphären empor, und indem er die Fixsternsphäre durchschreitet, wandelt er sich, wird selbst einer der Götter im All, bis er zuletzt eins wird mit jener Weltengottheit, die als das urewige *hen to pan* „Eins in Allem" ist.

Seite 88

Der Mensch bei Pico della Mirandola

Die hermetische Anthroposlehre, die spirituell und zugleich in gewissem Sinne anthropozentrisch ist, indem sie den Menschen als das Mittelpunktwesen des Universums sieht, gelangte durch Pico della Mirandolas *Rede über die Würde des Menschen* (1496) in der Renaissance zu großer Wirkung.

Vor allem aber ist die *Rede über die Würde des Menschen* ein großartiges Manifest im geistigen Klima der Renaissance. Vom „Wunder des Menschen" handelt diese Rede, und sie beginnt mit den Worten: „Verehrte Väter! In arabischen Schriften habe ich folgendes gelesen. Man fragte einmal den Sarazenen Abdallah, was ihm auf dieser Welt, die doch gleichsam eine Schaubühne wäre, denn am bewunderungswürdigsten vorkomme. Darauf antwortete jener, nichts scheine ihm bewunderungswürdiger als der Mensch. Dieser Meinung kann man auch noch den Ausspruch des Mercurius hinzufügen: '*Ein großes Wunder, o Asclepius, ist der Mensch*'." Pico della Mirandolla muss also auch den lateinischen Dialog *Asclepius* gekannt haben; denn diesem ist das Zitat ja wörtlich entnommen.

Ein Grundgedanke, der Picos *Rede über die Würde des Menschen* wie ein roter Faden durchzieht, besagt, dass der Mensch von Natur aus keiner festen Wesensbestimmung unterliegt, sondern sich sein Wesen stets neu setzt, nicht aus eigener Willkür heraus, sondern aus bewusster selbstverantwortlicher Entscheidung. Der Mensch trägt von Natur aus alle Möglichkeiten in sich, und er muss selbst entscheiden, auf welche Stufe der Schöpfung er sich stellt – ob auf die des Tieres, des Menschen, des Engels, ja selbst Gottes. Darin, dass er sich seine Natur selber erschafft, besteht die Freiheit, die Würde, die Berufung des Menschen! An entscheidender Stelle seiner Rede lässt Pico den Schöpfergott an den Menschen folgende Worte richten:

„Keinen festen Sitz, keine dir eigene Gestalt, kein besonderes Erbe haben wir dir, Adam, gegeben, damit du welchen Sitz immer, welche Gaben immer, die Du Dir nach Deinem Wunsch und Deinem Entschluss erwählest, zu eigen haben mögest. Alle anderen Wesen haben eine bestimmte Natur erhalten und werden von uns unter vorher bestimmten Gesetzen festgehalten. Dich allein bindet keine Schranke, es sei denn, dass Du selber nach Deinem Willen, den ich Dir verliehen, sie Dir vorschreibst. Mitten in die Welt habe ich Dich gestellt, damit Du umso leichter um Dich schaust und schaust alles, was darinnen ist. Ich schuf Dich als ein Wesen, weder himmlisch noch irdisch, weder sterblich noch unsterblich allein, damit Du Dein eigner freier Bildner und Überwinder seiest und jedwede Form, die Du für Dich erwählst, annehmen könntest. Du kannst zum Tier entarten und zum Göttlichen Dich wiedergebären."[54]

Stanze 4

Sein Vater ist die Sonne, seine Mutter der Mond.

Wenn wir davon ausgehen, dass auch dieser Spruch sich auf den Menschen bezieht, dann müssen wir sagen: Es waren geistige Sonnen- und Mondenkräfte, die den Menschen in seiner jetzigen Gestalt geformt haben. Hierüber schreibt H. P. Blavatsky, die Begründerin der modernen Theosophie, in der *Geheimlehre*: „Der ‚Vater‘ des ursprünglichen physischen Menschen, oder seines Körpers, ist das vitale elektrische Prinzip, welches in der Sonne wohnt. Der Mond ist seine ‚Mutter‘, wegen der geheimnisvollen Kraft im Monde, welche einen ebenso entscheidenden Einfluss auf die menschliche Schwangerschaft und Zeugung hat, welche er regelt, als auch auf das Wachstum von Pflanzen und Tieren.“[55]

Die esoterische Bedeutung des Mondes

Dass der Mond viel zu tun hat mit dem Wässrigen, Weiblichen, mit dem Fruchtwasser, mit Geburt und Wachstum, Ebbe und Flut – darauf wurde schon oft hingewiesen. Der Mond ist der stille Nachtwanderer, die magische Silberscheibe, die über den Nachthimmel gleitet. Er ist der Regent der Gezeiten, und die Mondrhythmen entsprechen den inneren Zyklen des Menschen.

Der Mond besitzt aber auch einen Bezug zum Jenseits, hat ihn immer schon besessen, seit ältesten

Zeiten. Im fahlen Lichtschein des Mondes tummeln sich Geister und Gespenster, öffnen sich Gräber, schwärmen Vampire aus – so glaubte man. Ja, es ist wirklich so: Der Mond besitzt einen starken Bezug zur *Astralebene*. Daher auch die Faszination, die von diesem Gestirn der Nacht heute wie ehedem ausgeht, daher die Romantik, die Verklärung, die man diesem Trabanten des Äthers immer wieder andichtete, und die den Stoff bildet für Horror-Geschichten und Fantasy-Romane.

Der Mond – welcher Dichter hätte ihn nicht besungen? Welcher Magier ihn nicht beschworen? Aber wissen wir wirklich, was der Mond ist? Kennen wir seine esoterische Bedeutung? Es ist der Sinn der nachfolgenden Abhandlungen, etwas Licht auf die esoterische Bedeutung des Mondes zu werfen. Dabei werde ich mich als Leitfaden an jene Uralte Weisheit halten, die sich in der *Geheimlehre* wie in einem Prisma bündelt und konzentriert. Mit Geheimlehre ist nicht ein bestimmtes Buch dieses Namens gemeint, sondern die *ewige Geheimlehre*, wie sie seit Anbeginn der Zeiten bestand, seit den Tagen Lemuriens, als die göttergleichen Kumaras auf die Erde herabkamen. Was also haben wir über die esoterische Bedeutung des Mondes zu sagen? Was lehrt die Arkanen-Wissenschaft über den Mond?

Zunächst einmal ist es gewiss wahr, dass der Mond als Verteiler feinstofflicher *Prana*-Kraft wirkt. Unter *Prana* verstehe ich den chemischen Äther, die universelle Lebenskraft. Mond-Prana wird in besonderem Maße bei Vollmond ausgeschüttet, und im Volksglauben wird dann gesagt, dass die kleinen Naturgeister – die Elfen – hiervon angezogen werden, weshalb sie in solchen Nächten im Lichte des

Vollmonds Reigen tanzen. Ja, auch dies gehört zu den Geheimnissen des Mondes. Das Mond-Prana hat etwas Nährendes, Stärkendes an sich. Jeder kann nachts bei zunehmendem Mond hinausgehen, in die Natur, und sich mit Mond-Prana „volltanken". Aber vergessen wir nicht, dass das Mond-Prana nichts anderes ist als reflektiertes Sonnen-Prana!

Die Sonne ist der eigentliche Spender der feinstofflichen Lebenskraft, der Mond wirkt nur als Spiegel – ähnlich wie er im sichtbaren Bereich das Licht der Sonne nur widerstrahlt, aber selbst kein Licht von sich gibt. In der Astronomie wird gesagt, der Mond sei ein kalter toter Felsbrocken. Das mag sein, materiell betrachtet – aber wir pflegen wir die Himmelskörper unter noch komplexerem Gesichtspunkt zu betrachten. Der Mond ist nicht nur das physische Erscheinungsbild des Mondes, das wir mit den äußeren Sinnen wahrnehmen. Der Mond muss mindestens auch einen *Ätherkörper* besitzen; sonst könnte er nicht das Sonnen-Prana reflektieren. Und er muss auch einen *Astralkörper* haben; sonst könnte er nicht so machtvoll auf unsere eigenen Astralkörper einwirken. Ja, es ist in der Tat so: Der Mond ist – geistig gesehen – der Regent der Astralebene, ähnlich wie die Sonne über die Mentalebene regiert. Unter Mond und Sonne werden hier nicht physische Gestirne, sondern weitaus komplexere Wesenheiten verstanden, nämlich Planetenpläne oder Globenketten im Sinne der Theosophie. Da ist ein Globus in den anderen eingeschachtelt, die inneren immer dichter, die äußeren immer subtiler, feinstofflicher werdend.

Die Astralebene hat ja auch mit dem *Unbewussten* zu tun, und dass der Mond stark auf das Unbewusste einzuwirken vermag, sieht man am Beispiel der *Somnambulen*, der *Nachtwandler* und *Mondsüchtigen*. Solche Phänomene gibt es ja wirklich. Da fallen die Menschen in eine tiefe Trance, weil der Mond eine so starke, magnetische Wirkung auf die unteren Schichten ihres Seelenkörpers ausübt. Und, um noch einen Schritt weiterzugehen: Auch selbst der *Mediumismus*, die Fähigkeit der medialen Durchgabe, untersteht dem Mond. Denn das Medium wirkt ja immer aus dem Unbewussten, und der Mond ist jener geheimnisvolle Schwellenhüter, der die Pforten zum Unbewussten in uns öffnet.

Der Mond ist unzählige Male von Dichtern besungen worden. Warum eigentlich gerade von ihnen? Weil die Dichter, ganz ihrer Inspiration folgend, meist aus dem Unbewussten wirken, weil sie einen starken Bezug zur Astralebene besitzen. Ihnen wird der Mond zum „Auge der Nacht", das dunkel, geheimnisvoll und ein wenig unheimlich auf ihnen ruht. Und der Mond ist keineswegs ein lebloser Himmelskörper, wie die Astronomie behauptet. Das Ätherfeld des Mondes, seine feinstoffliche Aura, ist von zahlreichen Naturgeistern bewohnt, Mondgeistern, die man schon im Mittelalter kannte. Sie wurden zu jener Zeit *Incubi* genannt, und man glaubte, dass sie auf der dunklen Rückseite des Mondes wohnen würden. Der *Incubus* konnte auch Alpträume verursachen, so glaubte man, und zuweilen kam es sogar vor, dass ein solcher Incubus eine menschliche Frau schwängerte – ein Kind konnte durchaus einer solchen Ehe entspringen. So jedenfalls wird es in den alten Sagen berichtet. Mag dem so sein oder nicht – *de facto* gibt es lunare Naturgeister, die auch mit dem Traumleben des Menschen zu tun haben.

Von Hellsichtigen sind sie zuweilen ausführlich beschrieben worden.

Im Alten Indien galt der Mond als das *Tor zum Jenseits*, als die Brücke zum Totenreich, auch als die unterste Sphäre der höheren geistig-göttlichen Welten. Jeder Gestorbene kommt nach altindischer Auffassung zuerst einmal zum Mond. Dieser fungiert dann als eine Art Schwellenhüter, indem er unter den Toten diejenigen aussondert, die zu neuerlichen Inkarnationen zur Erde wiederkommen, und sie von denen trennt, die vom Mond aus in die höheren Sphären emporsteigen.

In der *Kauschitaki-Upanishad* lesen wir: „Alle diejenigen, welche aus dieser Welt abscheiden, begeben sich in den Mond. (.....) Der Mond ist das Tor des Himmelreiches. Wer ihm zu antworten vermag, den lässt er weiterziehen; wer ihm dagegen nicht antworten kann, den lässt er zur Erde fallen in dem Regen, in den er [der Mond] sich verwandelt. Dann wird der [so wieder zur Erde Gesandte] hier als Wurm (....) oder als Tiger oder als Mann oder als ein anderes Geschöpf wiedergeboren, je nach seinen Taten und je nach seinem Wissen."[56]

Die Alchemisten sprachen von der lunaren Sphäre und meinten damit die unterste Stufe der geistig-göttlichen Welt. Die irdische Welt der Materie nannten sie die *Natur unter dem Monde* oder die sublunare Welt, weil die Mondsphäre von uns aus gesehen die nächst obere ist. Die Geister der Verstorbenen weilen zunächst in der Mondensphäre, können aber von dort aus in noch höhere Sphären emporsteigen. In Indien galt der Mond als der Sitz der *Pitris*, der „Väter", der Ahnengeister. Bemerkenswert sind folgende Aussagen der *Geheimlehre* über den Mond:

„Am Beginne der Entwicklung unserer Kugel war der Mond der Erde viel näher und größer, als er jetzt ist. Er hat sich von uns zurückgezogen und ist an Gestalt sehr zusammengeschrumpft. (.....) Von den Rakshasas von Lanka und von den Atlantiern heißt es, dass sie sich den Mond unterworfen haben. Die Thessalier lernten von ihnen ihre Magie. Esoterisch ist der Mond das Symbol des Niederen Manas [des niederen Denkvermögens]; er ist auch ein Symbol des Astralen. (.....)[57]

In der *Geheimlehre* wird auch behauptet, dass der gegenwärtig sichtbare Mond nur der Ausdruck einer viel größeren Mondkette ist, die alle sieben Daseins-Ebenen umfasst; diese Mondkette stellt sozusagen die evolutionäre Vergangenheit der Erdkette dar. Dies sind Zusammenhänge, die sehr ins Übersinnliche hineingehen und daher vom materiell denkenden Durchschnitts-Menschen nur schwer verstanden werden können. Jedenfalls wird davon ausgegangen, dass Mond und Erde dieselbe siebenfache Gliederung besitzen wie der Mensch. Denn der Mensch ist ein kleines Abbild des Kosmos – „Wie oben, so unten!". Die Mond-Intelligenzen werden in der Esoterischen Philosophie als die *Pitris* oder *lunaren Monaden* bezeichnet. Was hat man darunter zu verstehen? Bestimmt nicht bloße Naturgeister des Mondes, wie die *Incubi*, auch nicht die Geister Verstorbener. Die Mond-Monaden sind vielmehr unsere eigene evolutionäre Vergangenheit, unsere Vorläufer, auch unsere Ahnherren – und in gewisser Hinsicht wir selbst!

Im letzten Schöpfungszyklus stellte die Mondkette gleichsam die frühere kosmische Inkarnation der Erdkette dar. Diese Mondkette, in sieben Ebenen gegliedert, war bevölkert von einer Schar von Monaden – göttlichen Funken – als Teil einer größeren Lebenswoge, die vom ursprünglichen Logos einst ausgestrahlt wurde. Als nun die Mondkette im Weltendunkel einer Kosmischen Nacht – einem Pralaya – versank, wurden alle sieben Globen der Mondkette auf die entsprechenden Zentren der sich gerade formierenden Erdkette übertragen. Zusammen mit den Globen wanderten auch die ursprünglichen Mond-Monaden zur Erde herüber. Sie bewohnen auch in der Erdenkette alle sieben Globen, und diejenigen Monaden, die zum obersten Globus der Erde herüberkamen, bildeten dort gleichsam die Götter-Hierarchie. Sie waren die Schöpfergötter, die aus einer Projektion ihrer selbst die ersten Menschen erschufen.

In diesem Sinne heißt es in der *Geheimlehre*: „Der Mond ist es somit, der die größte und wichtigste Rolle spielt, sowohl bei der Bildung der Erde selbst, als bei der Bevölkerung derselben mit menschlichen Wesen. Die lunaren Monaden, oder Pitris, die Vorfahren des Menschen, werden in Wirklichkeit zum Menschen selbst. Sie sind die Monaden, die in den Kreislauf der Entwicklung auf Kugel A eintreten, und die, indem sie die Ketten der Globen durchlaufen, die menschliche Form evolvieren (....). Und diese subtilere, feinere Form ist es, die als das Modell dient, um welches die Natur den physischen Menschen aufbaut."[58]

All dies ist für einen Menschen, der nur das Sinnliche und Materielle gelten lässt, schwer zu begreifen. Allenthalben ist dies eine Sicht der Welt-Evolution aus übersinnlicher und geistiger Sicht. Sie wurde von den Eingeweihten, den Adepten, Rishis und Mahatmas, so gesehen. Die esoterische Bedeutung des Mondes liegt darin beschlossen, dass die dort wohnenden Götter-Hierarchien die Baumeister des *physischen* Menschen sind. Nur des physischen Menschen – denn die geistige Wesensnatur des Menschen stammt von der Sonne!

Der vedische Sonnenweg

In der altindischen Brahmanen-Religion, niedergelegt in den heiligen Upanishaden, gab es seit jeher die Vorstellung, dass die Seele des Menschen im nachtodlichen Leben wahlweise zwei Wege zu beschreiten habe – einen aufwärtsführenden oder einen abwärtsführenden, den *Sonnenweg* oder den *Mondweg*. Der Sonnenweg ist ein Verklärungs- und Erlösungsweg, der in die lichten Höhen der Brahmawelten hinaufführt, der Mondweg einer, der in die okkulten Zwischenreiche hineinführt und Anlass für immer neue Wiederverkörperungen gibt.

Der esoterische Sonnenweg – der Weg des Heils – findet sich in der *Brihad-Aranyaka-Upanishad* wie folgt dargestellt: „Die nun, welche solches also wissen, und jene dort, welche im Walde Glauben und Wahrheit üben, die gehen ein in die Flamme des Leichenfeuers, aus der Flamme in den Tag, aus dem Tage in die lichte Hälfte des Monats, aus der lichten Hälfte des Monats in das Halbjahr, in welchem die Sonne nordwärts geht, aus dem Halbjahr, in welchem die Sonne nordwärts geht, in die Götterwelt, aus der Götterwelt in die Sonne, aus der Sonne in die Blitzregion; zu ihnen, wenn sie in die Blitzregion gelangt sind, gesellet sich ein Mann, ein intelligibler; der führet sie in die Brahmawelten."[59]

Seite 98

Und hier der Mondweg: „Hingegen diejenigen, welche durch Opfer, Almosen und Askese die Himmels-Welten erwerben, die gehen ein in den Rauch des Leichenfeuers, aus dem Rauche in die Nacht, aus der Nacht in die dunkle Hälfte des Monats, aus der dunklen Hälfte des Monats in das Halbjahr, in dem die Sonne südwärts geht, aus dem Halbjahre in die Väterwelt, aus der Väterwelt in den Mond. Wenn sie in den Mond gelangt sind, werden sie Nahrung: daselbst, gleichwie man den König Soma mit den Worten: ,schwill an und schwinde' genießt, also werden sie von den Göttern genossen. Selbige, nachdem dieses verstrichen, so gehen sie ein hier in den Äther, aus dem Äther in den Wind, aus dem Winde in den Regen, aus dem Regen in die Erde. Nachdem sie in die Erde gelangt, so werden sie zu Nahrung und werden abermals in dem Mannfeuer geopfert und in dem Weibfeuer gezeugt und erstehen aufs neue zu den Welten. Auf diese Weise laufen sie um im Kreise."[60]

Die Worte schildern die Stationen zweier Stufenwege, von denen der eine in die Erlösung, der andere in den Zyklus erneuter Wiedergeburten führt. Die dem irdischen Leben abgestorbene Seele, bekleidet mit einem Leib aus ätherischer Feinmaterie, beschreitet die Stufen dieses Weges, wobei mit Tag, Nacht, lichte und dunkle Hälfte des Monats, Sonne, Mond nicht die Erscheinungen, sondern ihre Gottheiten gemeint sind. Eine jenseitige Sphärenwanderung wird hier geschildert, ähnlich wie in Dantes *Paradiso*, und wie dieses voll von astraler Symbolik. Allenthalben gilt hier der Mond – wie übrigens in allen okkulten und esoterischen Traditionen – als die Grenzscheide zwischen der niederen und der höheren Welt, als der geheimnisvolle Torhüter, der die zur Brahmawelt Aufsteigenden und die zur Wiedergeburt Bestimmten voneinander absondert. Dagegen erscheint die *Sonne* – und das ist hier das Entscheidende – als die unmittelbare Vorstufe auf dem Weg zur ewigen Brahmawelt, dem „Himmelreich" in christlicher Deutung.

Wenn wir hier einmal die hermetische Anthropologie betrachten, so sehen wir, dass der Mensch aus vier Wesensgliedern besteht:

Sonne	Geist	Nous νοῦς
Sonne	Psyche	Psyche ψυχή
Mond	ätherischer Lebensgeist	Pneuma πνεῦμα
Mond	Körper	Hyle ὕλη

Dabei gehören die zwei niederen Wesensglieder der *Mondnatur* des Menschen an, die beiden höheren seiner *Sonnennatur*. Diese vier Körper stellen nichts Getrenntes dar, sondern man muss sich vorstellen, dass sie sich gegenseitig durchdringen, wobei das Niedere dem jeweils Höheren stets als „Gefährt" dient. Der ätherische Lebensgeist als die den physischen Körper unmittelbar umgebende Energiehülle ist identisch mit dem in der modernen Esoterik wohlbekannten Ätherkörper. Annie Besant nennt ihn den „ätherischen Doppelgänger", und sie sagt von ihm, dass er „violettgrau oder blaugrau gefärbt, den dichten Körper durchdringt und aus Stoff besteht, der aus den vier feineren Schichten der physischen Ebene stammt"[61]

Seite 100

Stanze 5

Der Wind trug es in seinem Bauche, seine Nährerin ist die Erde.

Nach der Sonne und dem Mond wird nun auch der „Wind" als eine den Menschen erschaffende Kraft genannt. Offensichtlich meint Wind (Lufthauch, griechisch *pneuma*) den Äther: Der Weltenäther ging gleichsam mit dem Menschen schwanger, und wie eine Schwangere das Embryo ihres Kindes, so trug der Weltenäther den Keim des sich bildenden Menschenwesens in sich, bevor der Mensch sich stofflich auf Erden inkarnieren konnte. Hier noch einmal die *Geheimlehre*: „Der Wind oder Ether, welcher in diesem Falle für das Agens der Übertragung steht, wodurch jene Einflüsse von den zwei Lichtkörpern herabgebracht und über die Erde verbreitet werden, wird als der ‚Ernährer' bezeichnet."[62]

Die Entdeckung des Äthers

Die Entdeckung des Äthers, jener universellen feinstofflichen Lebenskraft, die alles Lebendige durchpulst, fand bereits mitten im 19. Jahrhundert statt, allerdings nur ganz vereinzelt und im deutlichen Widerspruch zum herrschenden Zeitgeist des Materialismus. In den künftigen Jahrhunderten der Menschheits-Evolution, die mehr im Zeichen spiritueller Entwicklung stehen, wird die Kenntnis des Äthers und seiner Schwingungsgesetze zum Allgemeingut werden. Man wird in jenen Tagen mit dem feinstofflichen Äther so umgehen, wie wir heute mit der Elektrizität, dem Magnetismus oder anderen nutzbar gemachten Naturkräften. Man wird Äther-Energie als Antrieb zur Fortbewegung benutzen, als Heilmittel, als Wärmequelle und als Verstärkungsmittel der Wahrnehmung. Es gibt unzählige Anwendungsformen des Äthers – was ist er denn selbst anderes als eine Naturkraft, wenngleich eine weitgehend verborgene, dem Menschen nicht unmittelbar sichtbare?

Die spirituellen Schwingungen des jetzt gerade anbrechenden Neuen Zeitalters tragen dazu bei, dass man mehr und mehr – und zwar in breitesten Kreisen der Öffentlichkeit – den Äther als eine Realität des Lebens anerkennen wird. Auch die etablierten Naturwissenschaften – die Physik, die Chemie, ja selbst die Medizin – werden sich diesem Erkenntnisfortschritt auf dem Gebiet des Feinstofflichen über kurz oder lang nicht entziehen können. Dabei wird sich letztendlich die Erkenntnis Bahn brechen, dass der Äther als das „fünfte Element" oder *quinta essentia* Urquell und Ursache aller physikalisch messbaren Kräfte ist, von der Gravitation angefangen bis zu den subtilsten Strahlungen atomarer Energie. Darüber hinaus wird der Umgang mit den Kräften des Äthers das alltägliche Leben einer immer größer werdenden Anzahl von Menschen prägen. Insbesondere die Fähigkeit des ätherischen Hellsehens wird in größeren Menschenkreisen überhand nehmen, in den meisten Fällen allerdings eher als unbewusstes Hellsehen, was sich schon in unserer gegenwärtigen Übergangszeit anzukündigen beginnt. Alice Bailey hat hierauf in *Eine Abhandlung über Kosmisches Feuer* bereits hingewiesen.

Man kann die folgenden Worte aus diesem Buch als eine Prophezeiung für ein kommendes Geist-Zeitalter verstehen: „Auf den ätherischen Stufen der physischen Ebene wird es zu verstärkter Aktivität kommen, und langsam aber sicher wird der Mensch im Laufe der Jahrzehnte sich dieser Bereiche sowie deren Bewohner bewusst werden. Die unmittelbare Wirkung dieses erhöhten Aufwandes an ätherischer Energie wird die sein, dass eine erheblich größere Anzahl von Menschen ätherisches Sehvermögen erlangen und imstande sein wird, in normaler und natürlicher Weise bewusst auf den ätherischen Ebenen zu leben. Die meisten Menschen betätigen sich bewusst nur auf den drei niederen Stufen der physischen Ebene, d. h. der gasförmigen, flüssigen und dichten, während die ätherischen Stufen ihnen ebenso verschlossen sind wie die astralen. In kommenden Jahrhunderten wird sich der normale Lebensraum des Menschen über die ganze physische Ebene bis hinauf zur zweiten Unterebene (aber ausschließlich derselben) erstrecken. Die vierte und dritte ätherische Unterebene wird ihm ebenso vertraut sein, wie jetzt die gewöhnliche und ihm wohlbekannte physische Landschaft."[63]

Es gibt vier Unterebenen des Äthers – Lebensäther, Klangäther, Lichtäther und Wärmeäther; sie entsprechen den grobstofflichen vier Elementen: Erde, Wasser, Luft und Feuer. Dem Menschen künftiger Jahrhunderte werden diese feinstofflichen Elementarreiche und ihre Bewohner – die Naturgeister, sogenannte Devas und Elementarwesen – immer vertrauter werden. Die Menschheit und die Devawelt werden sich gegenseitig annähern; dies wird bewirken, dass die spirituellen und feinstofflichen Aspekte der Natur mehr in den Vordergrund treten. Dass dies so kommen wird, ist ein Gebot der kosmischen Evolution, die nämlich in ihrem Gesamtverlauf dahin strebt, dass der Mensch der Zukunft immer mehr in die nicht-materiellen und übersinnlichen Bereiche der Wirklichkeit hineinwachsen soll. Es ist dem Menschen auferlegt, sich in künftigen Phasen der Evolution diese Bereiche immer mehr anzueignen, ähnlich wie er sich in vergangenen Äonen die Reiche der Materie erschlossen hat. Die eigentliche Entwicklung geht jedoch noch über das Ätherische hinaus ins Geistige.

Auf seiner Reise zu den ewigen und urbildlichen Reichen des Geistes muss der Mensch auch die Äthersphäre durchqueren. Dies gilt sowohl individuell für den einzelnen Menschen, umso mehr aber auch kollektiv für den Gesamtweg der menschlichen Evolution. Im Grunde genommen ist der Schicksalsweg der Menschheit seit Atlantis ein Weg von der Materie zum Geist, in immer neuen Schritten sich entfaltend – ein Weg der Einweihung. Das Neue Äon mit seiner entmaterialisierenden Grundausrichtung stellt einen entscheidenden Schritt auf diesem Wege zunehmender Vergeistigung dar. Die Handhabung der Ätherkraft, die in näherer und erst recht weiterer Zukunft zwangsläufig kommen wird, stellt an den Menschen hohe moralische und spirituelle Anforderungen. Streng genommen ist geistige Schulung erforderlich, um die Fähigkeit des ätherischen Hellsehens so anzuwenden, dass sie nicht zu Verwirrungen führt oder gar psychische Schäden anrichtet. Ein hohes moralisch-ethisches Niveau ist zudem erforderlich, wenn man diese gewaltige okkulte Naturkraft des Äthers anwenden will, ohne sie zu egoistischen oder schwarzmagischen Zwecken zu missbrauchen.

Eine voll entwickelte spirituelle Kultur kommender Jahrhunderte, die den Äther in allen Bereichen des öffentlichen Lebens ausschließlich nützlich und heilbringend anwendet, ließe sich mit den Worten von Alice Bailey so beschreiben: „Medizinische und allgemeinwissenschaftliche Forscher werden den ätherischen Körper zum Mittelpunkt ihrer Aufmerksamkeit machen und man wird die Abhängigkeit des physischen vom ätherischen Körper erkennen lernen. Damit wird sich die Einstellung der medizinischen Wissenschaft ändern; magnetische Heilung und Stimulierung durch Vibration werden anstelle der bisherigen Methoden der Chirurgie und der Einnahme von Medikamenten treten. Da der Mensch zu der Zeit normalerweise mit ätherischem Sehvermögen begabt sein wird, wird er sich gezwungen sehen, die heute als ‚unsichtbare‘ oder metaphysisch bezeichnete Welt anzuerkennen. Man wird Menschen in ihren ätherischen Körpern beobachten und sich mit ihnen verständigen, und die Devas und Elementarwesen der Äther werden erforscht und anerkannt werden. Sobald es dazu kommt, wird auch die Anwendung zeremonieller Riten als Maßnahmen zum Schutz des Menschen gebührendes Verständnis finden."[64]

Man kann sich gar eine Zivilisation der Zukunft vorstellen, die nicht mehr die fossilen Brennstoffe – Erdöl, Erdgas, Kohle –, sondern die unversiegbaren Kräfte des Äthers als Energiequelle verwendet! Dies entspricht in etwa der Vision, die der Schriftsteller Edward Bulwer-Lytton in seinem berühmten Roman

The Coming Race (1871) über die geheimnisvolle Kraft *Vril* entworfen hat; dies wird auch bestätigt durch neuere wissenschaftliche Forschungen, die im Begriff sind, einer bisher unbekannten feinstofflichen Naturkraft, der sogenannten *Vakuumenergie*, auf die Spur zu kommen.

Der Äther in der Antike

Das Wort „Äther" (*aither*) stammt aus dem Griechischen. Im Altertum dachte man ihn als den Stoff der himmlischen Sphären, der den Mond, die Planeten und die Fixsterne trägt; den Göttern diente er als Wohnort. Für die Alchemisten des Mittelalters war der Äther die *quinta essentia* – das fünfte Element, das den vier grobstofflichen Elementen zugrunde liegt. Der Äther scheint eine alte kosmogonische Gottheit zu sein. Er stammt vom Ur-Chaos ab und gilt als eines der gespenstischen Kinder der Nacht; schon bei Hesiod wird er erwähnt: „Aus dem Chaos entstanden die Nacht und des Erebos Dunkel, aber der Nacht entstammten der leuchtende Tag und der Äther, schwanger gebar sie die beiden, von des Erebos Liebe befruchtet."[65]

Das Reich des Äthers bildet gewissermaßen eine Grenz- und Übergangssphäre; denn dieses Reich spannt sich dort auf, wo die Welt der Stofflichkeit übergeht ins Astrale, in die niederen Sphären der übersinnlichen Welt. So wirkt der Äther eigentlich als ein Bindeglied zwischen den Welten: nicht mehr stofflich und noch nicht geistig, dem Diesseits noch verbunden und doch schon Tor zum Jenseits, bildet er die Grenzscheide zwischen der niederen und der höheren Welt. Es kommt nicht von ungefähr, dass in den alten mythischen und spirituellen Überlieferungen von der allbelebenden Feuer- und Glutkraft des Äthers gesprochen wird. Denn diese Kraft, die aus überweltlichen Höhen auf die Erde herabströmt und allem Lebendigen Daseinskraft verleiht, dieses universelle Lebensfluidum ist etwas dem Feuer zutiefst Verwandtes.

In den heiligen Dichtungen Altindiens, besonders in den altvedischen Hymnen, wird auf die Ätherkraft – im Indischen: *Akasha* – immer wieder Bezug genommen. Im Atharva-Veda wird gesagt, dass die Erde, eine große verehrungswürdige Göttin, „das geheime Feuer in sich birgt, dessen befruchtende Ätherkraft Gott Indra ist", während ihr Herz, „der Erde unsterblich Herz, im höchsten Himmel ist, von Weltenwahrheit eingehüllt." Das geheime Feuer, das die Erde, ja jedes Lebewesen in sich trägt – es ist nichts anderes als jene lebenspendende Allkraft, die den Alten als Äther bekannt war, und die erst in neuerer Zeit wiederentdeckt wurde: als Mesmers „thierischer Magnetismus", als *Od*-Kraft des Freiherrn von Reichenbach, als *Orgon*-Energie bei Wilhelm Reich.

Statt vom „geheimen Feuer" wird im Atharva-Veda vom „inneren Feuer" gesprochen. Es ist ganz offenkundig, dass nicht ein physikalisches Feuer gemeint ist; denn dieses kann ja kaum in Erde und Pflanzen, Rindern und Rössern anwesend sein. Der Philosoph Heraklit nahm das „Feuer" als den Urstoff an, aus dem alles Gewordene entstanden sei – sein Urfeuer ist der schöpferische Weltenäther –, und nur so erklärt sich das heraklitische Rätselwort: „Das Feuer verwandelt sich in das All und das All in Feuer wie das Gold in Münze und Münze in Gold."[66] In der modernen Esoterik ist der Äther weniger eine Gottheit als vielmehr eine universelle Weltkraft. Den bekannten vier Elementen der materiellen Welt, nämlich Erde, Wasser, Feuer und Luft, entsprechen je nach der Feinheit der Bildekräfte die vier Ätherarten: der *Lebensäther*, der mit einem indischen Ausdruck als Prana bezeichnet wird, der *Klangäther*, der *Lichtäther* und der *Wärmeäther*. Dem Lebensäther entspricht im Irdischen das Feste, dem Klangäther das Flüssige, dem Lichtäther das Gasförmige und dem Wärmeäther das Feurige, das Wärme und Energie Ausstrahlende. So sind die vier Elemente der grobstofflichen Welt aus den vier Arten des Äthers erbaut, aus den Elementarreichen der Erde, des Wassers, der Luft und des Feuers.

Der Äther in der Hermetik

In der Hermetik wird der Äther als *Pneuma* bezeichnet; dies bedeutet so viel wie feuriger Lufthauch. In der hermetischen Seelenlehre haben wir ein System von verschiedenen ineinander liegenden und sich durchdringenden Körperhüllen, von denen die niedrigste und der Materie am nächsten gelegene *Pneuma* oder der *ätherische Lebensgeist* ist. Dieser ist der Ätherkörper, der den physischen Körper lebenslang begleitet, ihn aber im Moment des Todes verlässt, um sich dann wieder in das allgemeine große Äthermeer zurückzuziehen. Er dient dem physischen Körper als „Gefährt" oder Fahrzeug, ein im Neuplatonismus allgemein üblicher Ausdruck für die okkulten Zusatzkörper des Menschen.

Im *Corpus Hermeticum* hat Hermes Trismegistos seinen Sohn und Schüler Tat in folgender Weise über diese Zusammenhänge belehrt: „Und die Seele des Menschen wird in folgender Weise vorangetrieben: Das Gefährt der Geistes ist die Seele, und das Gefährt der Seele der ätherische Lebensgeist, das Pneuma; und dieser Lebensgeist bewegt den Körper, aber wie eine Last, indem er die Arterien mit Blut durchzieht. So haben einige gar gedacht, die Seele sei das Blut. Aber sie befinden sich über ihre wirkliche Natur im Irrtum; sie wissen nicht, dass beim Eintreten des Todes die Seele zuerst den Körper verlassen muss, und dass erst dann, nachdem der Lebensgeist sich in die Umgebung – den Weltäther – zurückgezogen hat, das Blut in den Venen gerinnt und aus den Adern ausströmt. Das ist erst der Tod des Körpers…."[67]

Wir können das bisher Gesagte nun folgendermaßen zusammenfassen:

Die *Tabula Smaragdina* handelt nicht vom Stein der Weisen, sondern vom Wunder des Menschen.

Die oberen und die unteren Welten wirken zusammen, um das Wunder des Menschen hervorzubringen.

Das Universum entstand aus der Meditation des All-Einen [Gott].

Vom Wunder des Menschen [Anthropos] stammen alle geschaffenen Dinge.

Sonnenkräfte und Mondkräfte haben im Zusammenwirken die höheren und niederen Wesensglieder des Menschen hervorgebracht.

Der Weltenäther verlieh dem Menschen die im Ätherkörper beschlossene Lebenskraft [Pneuma].

Der ganze bisherige Prozess in den Stanzen 2 bis 7 lässt sich als *Anthropogenesis*, als Vorgang der Menschwerdung bezeichnen, jedoch aus übersinnlich-geistiger Sicht. Der Mensch wird nicht gesehen als ein Zufalls-Produkt der Evolution, als ein zufällig intelligent gewordenes Säugetier – sondern als ein machtvolles geistiges Wesen, beheimatet in den höchsten göttlichen Sphären, Bruder des Demiurgen, und in einem Prozess schrittweiser Inkarnation in die Erdenwelt hinabgestiegen.

Wie meilenweit ist dies entfernt von der Sichtweise des Darwinismus! Wie meilenweit entfernt vom modernen Bewusstsein, das nur eine Entwicklung von unten nach oben, eine Selbstentwicklung organisierter Materie kennt!

Was hier vorgetragen wird, ist eine Anthropologie, eine Menschenlehre aus der Sicht einer arkanologischen Geistes-Wissenschaft. Der Mensch selbst ist das höchste Arkanum in dieser Wissenschaft, die nur eine Entwicklung von oben nach unten kennt, nur eine Involution des Geistes, nur eine Abbildung des Urbilds in der Welt der Abbilder.

Der Mensch ist gewiss ein erdenverkörpertes Wesen, doch bleibt er seinem eigentlichen Status nach nur ein Gast in der materiellen Welt. Dabei bleibt die Inkarnation in die Stoffes-Welt von großer Bedeutung und Wichtigkeit; sie ist der Golgatha-Weg der Menschenseele, der als Lernerfahrung unverzichtbar ist für die weitere Höherentwicklung des Geistes. Der Mensch muss in die Materie hineingehen, um sich selbst als Geist zu erkennen.

Stanze 6

Es ist der Vater aller Vollendung der ganzen Welt, seine Tugend ist vollkommen, wenn es in Erde verwandelt worden.

An diesem Punkt hat die *Anthropogenesis,* die Menschwerdung, ihren Abschluss und ihren Vollendungspunkt erreicht. Das Wunder des Menschen ist, wie Stanze 6 der Tabula Smaragdina sagt, „der Vater aller Vollendung der ganzen Welt, und seine Tugend ist vollkommen, wenn es in Erde verwandelt worden". Also um den *inkarnierten* Menschen geht es hier, um den in die Materie hinabgestiegenen Menschen; der ist das Zentralwesen des Universums, das Alpha und Omega, das universelle Mittlerwesen, das die oberen und die unteren Welten in sich trägt.

Der Anthropos ist das Wesen, das Himmel und Erde miteinander verbindet, der Kardinalpunkt der Schöpfung, und in diesem Sinne steht er auch über den Göttern des Alls, die nie ihren Wohnort im Himmel verlassen haben; sie mögen wohl in entrückter Glückseligkeit leben, aber es fehlt ihnen die Erfahrung des Weltganzen.

In diesem Sinne sagt Hermes im Corpus Hermeticum zu seinem Sohn und Schüler Tat: „Denn der Mensch ist ein wahrhaft göttliches Wesen; er kann nicht mit all den anderen Lebewesen auf der Erde, sondern allein mit den Göttern im Himmel verglichen werden. Ja, um die Wahrheit geradewegs ohne Furcht auszusprechen, der Mensch im eigentlichen Sinne steht sogar noch über den Göttern des Himmels, oder zumindest gleicht er in jeder Hinsicht ihrer Wirkmacht. Denn keiner der Götter des Himmels wird je den Himmel verlassen, seine Grenzen überschreiten, und hier auf die Erde herabkommen. Aber der Mensch steigt zum Himmel hinan, um ihn zu durchmessen, und was noch mehr ist als all dies, er besteigt den Himmel, ohne die Erde dabei zu verlassen; so groß ist die Entfernung, über die er seine Macht auswirkt. Wir dürfen nicht davor zurückschrecken, zu sagen: Der Mensch auf Erden ist ein sterblicher Gott, und ein Gott im Himmel ein unsterblicher Mensch!"[68]

Wir alle sind Söhne Gottes

Ihr seid Götter und allzumal Söhne des Höchsten;
aber Ihr werdet sterben wie Menschen und wie
ein Tyrann zugrunde gehen. (Psalm 82, 6–7)

Es ist schön, so nachdrücklich daran erinnert zu werden, dass wir Menschen in Wahrheit alle *Götter* sind, Söhne und Töchter der Mystischen Flamme, Kinder Gottes – nur sind wir eben auch *inkarnierte Götter*, gebannt in die groben Formen der Materie. Deshalb müssen wir „sterben wie Menschen und wie ein Tyrann zugrunde gehen"; in der Doppelung von Göttlichkeit und Sterblichkeit, in der Verbindung dieser scheinbar so gegensätzlichen Aspekte, liegt ja gerade die besondere Menschennatur. Eben das, was uns von allen anderen Lebensformen auf diesem Planeten und Evolutionsplan unterscheidet. Was der Psalmist hier sagt, ist uns nicht neu. Im

Gegenteil, es ist uralte esoterische Weisheit, bekannt schon den antiken Mysterien, den griechischen Philosophen, den Juden und den Heiden, vor allem aber den Mystikern, Hermetikern, Esoterikern und Theosophen aller Zeiten und Länder. Wir Menschen sind Himmelssöhne, Gottessöhne, ein gefallenes Engelgeschlecht, Götter in der Verbannung. Das haben sie alle gewusst, die Gnostiker, Manichäer, Katharer, Albigenser, die von der Kirche Verfolgten, Geächteten, ja Verbrannten, auf den Scheiterhaufen des Mittelalters, dieweil die Kirche selber sich nicht mehr erinnern wollte oder konnte an jenes Schriftwort, das da lautet: *„Ihr seid Götter und allzumal Söhne des Höchsten.“*

Der Mensch als ein den Göttern verwandtes, ihnen ebenbürtiges, himmlisches Wesen, das ist der Zentralgedanke jeglicher Esoterik, sei sie griechischer, indischer, ägyptischer oder sonstiger Herkunft. Zwischen Menschen und Göttern besteht kein prinzipieller, nur ein gradueller Unterschied. Wir finden dieses transzendente Menschenbild in Griechenland erstmals ausgedrückt in der Orphischen Theologie, oder besser Theosophie, die sich auf den legendären Sänger Orpheus zurückführt. Die Wesensverwandtschaft von Göttern und Menschen war den Griechen seitdem geläufig. „Götter und Menschen sind desselben Ursprungs“, erklärte um 700 v. Chr. der Mythendichter Hesiod; und Kleanthes sagt an Zeus gewandt in seinem berühmten Hymnus: „Wir sind deines Geschlechts.“ Pindar von Theben dichtete ähnlich: „Ein Stamm: Menschen und Götter; von einer Art ja atmen wir, von einer Mutter wir beiden; doch Macht von ganz verschiedener Art trennt uns ....“

Die *Goldenen Verse des Pythagoras* versichern uns, „dass die Sterblichen göttlicher Herkunft sind, und die Natur ihnen das Heilige offenbart und sie alles schauen lässt". Jesus Christus, wohl einer der größten Meister, die je über diese Erde gewandelt sind, kennt den Gedanken der Göttlichkeit des Menschen, und er hält ihn den Schriftgelehrten entgegen, die ihn der Gotteslästerung anklagen. Sie wollen ihn gar steinigen, und zwar „um der Gotteslästerung willen, denn du bist ein Mensch und machst dich selbst zu Gott. Jesus antwortete ihnen: Steht nicht geschrieben in Eurem Gesetz (Psalm 82,6): Ich habe gesagt: Ihr seid Götter?" (Joh. 10, 33–34) Wenn also ohnehin alle Menschen Söhne Gottes sind, nach dem zitierten Psalmwort, warum nicht in besonderem Maße der, welcher in seiner Erden-Sendung ausdrücklich als Gesandter des Höchsten und *Sohn Gottes* aufgetreten ist?

Gott / Kosmos / Mensch

Man kann die Hermetik im wahrsten Sinne als eine kosmische Religion bezeichnen; der Kosmos erscheint in ihr nicht nur als eine *Fülle des Lebens*, sondern als ein großes Lebewesen, ein zeitliches Abbild des Ewigen, ein Gott in der Materie. Da der Kosmos als Abbild Gottes ein *Zweiter Gott* ist, so kann nichts im Kosmos je zugrunde gehen; es gibt keinen Tod, sondern nur ewige unaufhörliche Metamorphose. Alles im Kosmos zeigt sich dem Hermetiker als energie- und lebenerfüllt, ständig in Bewegung, ständig in Umwandlung begriffen. So ist der Kosmos, besonders insofern er ewig währt, selbst etwas Göttliches. Der Mensch nun, selbst wieder ein Abbild des Kosmos, tritt somit als ein Kosmos im Kleinen, als Mikrokosmos auf den Plan. Er ist, da vom Kosmos gezeugt und geboren, der *Dritte Gott*, der allein das Vermögen besitzt, sich Kraft seines Geistes zum Zweiten und zum Ersten Gott aufzuschwingen.

Die Lehre vom Menschen als Drittem Gott wird im *Corpus Hermeticum* häufig entfaltet. So sagt Hermes zu seinem Sohn Tat: „Der Erste Gott, der im wahrsten Sinne Ewige, Anfanglose, Ungewordene – das ist Gott, der Schöpfer des Universums; und der Zweite Gott ist der Kosmos, der – nach dem Bilde Gottes geschaffen – von Ihm allein auch gehalten und erhalten wird. (....) Und der Dritte Gott ist der Mensch, der nach dem Bilde des Kosmos geschaffen wurde. Der Mensch unterscheidet sich von allen anderen lebenden Erdenwesen dadurch, dass er Geist hat, wie es der Vater wollte; und er befindet sich nicht nur in Verbindung mit dem Zweiten Gott, dem Kosmos, sondern er begreift mit seinem Geist auch den Ersten Gott. Den Zweiten Gott erkennt er als einen Körper, den Ersten Gott aber begreift er als körperlos."[69] Mit anderen Worten: „Diese drei haben wir nun also – Gott, den Kosmos, den Menschen. Der Kosmos ist in Gott enthalten, und der Mensch im Kosmos. Der Kosmos ferner ist Gottes Sohn, der Mensch der Sohn des Kosmos und sozusagen Enkelsohn Gottes."[70]

Der Kosmos wird von Hermes Trismegistos in den Gesprächen oft als ein *unsterbliches Lebewesen,* ja als das *Erste unter allen Lebewesen* bezeichnet, wie es wohl der Naturphilosophie entspricht, die Platon in seinem Dialog *Timaios* entfaltet. Man kann die Hermetik als Einheits-Mystik und zugleich als Kosmos-Mystik charakterisieren. Hier besteht ein Hauptunterschied gegenüber den zahlreichen in der Spätan-

tike aufblühenden Richtungen und Schulen der
Gnosis, die einem stark dualistischen, kosmosfeindlichen Denken verpflichtet waren. Die Gnostiker sahen den sinnlich in Erscheinung tretenden Kosmos
als eine feindliche Macht an, die sie an ihrem Aufstieg zum Licht hinderte; der Hermetiker sieht den
All-Einen als den Gott, der sich in Allem und besonders im Kosmos offenbart.

Das urewige „Erkenne Dich selbst!"

Erkenne Dich selbst, γνῶθι σεαυτόν – so lautet der
kategorische Imperativ aller Hermetik. Das bedeutet: Erkenne Dich selbst als ein unsterbliches Wesen,
als ein Wesen, das durch alle Wechselfälle von Geburt, Leben, Tod und Wiedergeburt hindurchgeht,
ohne dabei seine wahre Identität einzubüßen. Erkenne Dich als ein Wesen, das an eine so zufällige
Erscheinungsform wie einen physischen Körper
nicht gebunden ist – denn wisse, Dein wahres Wesen ist raum- und zeitfrei, vom Dufthauch der Ewigkeit umweht, ein Bürger aller Welten, Dimensionen,
Manifestationsstufen, Teilhaber des Einen und Ewigen Lebens, das in der Mystischen Rose Gottes erblüht. Erkenne Dich als ein kosmisches Wesen, als
ein multidimensionales Wesen. Das Ewige ist in Dir,
im Kristall Deines Herzens verborgen, und Du bist
im Ewigen, vereint mit den schöpferischen Kräften
des Alls. Im Ewigen lebst, webst und wirkst Du,
also Erkenne Dich Selbst!

Im Dialog *Poimandres* lesen wir: „Und nun höre
den Rest der Rede, den Du zu hören begehrtest. Als
diese Periode der Schöpfung vollendet war, wurde
auf Geheiß Gottes jenes Band, das alle Dinge zusammenhielt, gelöst: Alle Lebewesen, einschließlich des

Seite 116

Menschen, die bis dahin mannweiblich waren, wurden aufgesondert, so dass die einen Teile davon männlich wurden, die anderen weiblich. Und daraufhin sprach Gott in geheiligter Rede: Wachset und mehret Euch im Überfluss, alle die ihr geformt und geschaffen worden seid. *Und lasst den mit Geist begabten Menschen erkennen, dass er unsterblich ist, und dass die Wurzel des Todes nichts anderes ist als sinnliche Begierde. Wenn er aber sein Selbst erkannt haben wird, so soll er in das Gute eingehen.*"[71]

Auf die Frage, warum denn derjenige, der sein Selbst erkannt hat, in das Gute eingeht, wird geantwortet: „Weil der Allvater aus Licht und Leben besteht, und weil der Mensch in ihm seinen Ursprung hat." Es ist die Gottesebenbildlichkeit des Menschenwesens, die ihn befähigt, den Pfad der Selbsterkenntnis zu beschreiten und in das Geistig-Göttliche einzugehen; denn der Mensch besitzt als Zeugnis seiner Herkunft aus der Geistigen Welt den transzendentalen Geist, den *Nous* (νοῦς), der ihn seine wahre Natur erkennen lässt.

Aber dieser *Nous* befindet sich nicht im Gemeinbesitz aller Menschen, sondern gehört im Gegenteil nur den ganz Wenigen an, den spirituell Erwachten, die sich und ihre wahre Natur erkannt haben. Hierzu folgender Dialog zwischen Hermes Trismegistos und dem Weltgeist [Poimandres]:

„Aber sage mir auch dies, sprach ich. ‚Gott sagte: Und lass den mit Geist begabten Menschen sein Selbst erkennen – aber tragen denn nicht alle Menschen den Geist in sich?' ‚So sollst Du nicht sprechen', sagte er, ‚denn Ich, der Weltgeist, komme nur zu den Geheiligten, den Guten, den Reinen, den Barmherzigen, den Gottesfürchtigen; mein Kommen

ist ihnen eine Hilfe, und sofort erkennen sie alle
Dinge, und sie gewinnen die Gunst des Vaters, indem sie Seine Andacht lieben, indem sie Ihm mit
von Sohnesliebe erfülltem Herzen Dankes- und Lo-
beshymnen singen. Und bevor sie ihre Körper dem
Tod als dem eigentlichen Besitzer übergeben, verab-
scheuen sie zunächst die körperlichen Sinne, da sie
wohl wissen, welches Werk diese tun. Nein: Ich, der
Weltgeist, lasse jene Werke des Körpers nicht zu,
durch welche die Sinne zur Auswirkung gelangen;
ich werde gleich einem Wächter an dem Tor stehen
und den Zugang verriegeln, durch den die niedri-
gen gemeinen und bösen Werke der Sinne hin-
durchgelangen, indem ich sie vom Strom der Gedanken abschneide."[72]

Diese schroffe Ablehnung der Sinne klingt zunächst vielleicht sehr körperfeindlich. Aber es geht
in Wahrheit um das, was die Buddhisten nennen:
die Überwindung des Werde-Durstes, die Überwindung dieses ewigen Dranges nach Inkarnation, der
die Menschen an das körperliche Erdenleben kettet
und sie unfähig macht, den Weg der Selbst-, All-
und Kosmos-Erkenntnis zu beschreiten.

Stanze 7

Trenne die Erde vom Feuer, das Subtile vom Dichten sukzessiv mit großer Geschicklichkeit.

Nachdem im bisherigen Verlauf die *Anthropogenesis*, die Menschwerdung aus übersinnlich-geistiger Sicht, behandelt wurde, kommt der Verfasser der Tabula Smaragdina nun auf die *Theogenesis*, die Gottwerdung des Menschen zu sprechen. Denn auch der Satz von Stanze 7 bezieht sich auf den Menschen, und die Aufforderung „Trenne die Erde vom Feuer, das Subtile vom Dichten" bedeutet so viel wie: Trenne vom dichten Erdenleib den subtilen Feuerleib, das heißt den geistig-göttlichen Lichtleib, und zwar „sukzessiv mit großer Geschicklichkeit". Damit wird bereits der Aufstiegs-Weg des Menschen thematisiert, während in den bisherigen Sätzen 2 bis 6 die Herkunft die Menschen und der Prozess seiner Inkarnation in der Erdenwelt dargestellt wurde.

Die esoterische Bedeutung des Feuers

„Trenne den dichten Erdenleib vom subtilen Feuerleib" – was bedeutet das? Worin liegt die esoterische Bedeutung des Feuers? Am Anfang war das Feuer, das große schöpferische Weltenfeuer, das strahlte seine Energien nach allen Richtungen hin aus, und aus den feurigen Ausstrahlungen entstanden zahlreiche Universen und Meta-Universen. Es entstanden Welten mit vielen Daseinsebenen, hierarchisch übereinander geschichtet und wie Hologramme einander enthaltend, multiple Universen mit zahlreichen Lebensformen – alles gewoben aus feinster Substanz göttlichen Feuers.

Es sind Multiversen und Meta-Multiversen, endlos übereinander aufgeschichtet – alles göttliche Feuerwelten, unermesslich groß und doch wieder winzig kleine Funken gemessen an dem großen schöpferischen Weltenfeuer, aus dem sie einst kamen. Und dereinst werden sie in dieses Urfeuer wieder zurückkehren.

Das göttliche Feuer atmet gewissermaßen. Es sendet Feuerenergien aus und saugt sie am Schluss wieder ein. So können wir sagen: *Das Feuer ist das Alpha und das Omega*, der Anfang und das Ende, die Zeit und die Ewigkeit. Das Feuer ist aber auch die geheime Mitte aller Dinge. Es ist die schöpferische Welten-Mitte, aus der alles kommt, und die allem zugrunde liegt.

Betrachten wir einmal eine Flamme, die vor unseren Augen ihren kleinen flackernden Tanz aufführt, ihr ständiges Hin und Her, Auf und Ab, ihr ständiges sich Verströmen und sich Erhalten. Ist es nicht ein faszinierendes Bild? So, als wolle sie den großen Tanz Shivas nachahmen, diese kleine Flamme. Und wenn sie verlischt, diese Flamme, dann ist sie nicht aus der Welt verschwunden. Sie ist nur aus dem Bereich der Sichtbarkeit in den der Unsichtbarkeit übergetreten. Die unsichtbare Flamme ist überall da; die sichtbare ist nur ein Teil davon. Wenn ich nun ein Feuer anzünde, so hole ich die Flamme wieder in den Bereich der Sichtbarkeit zurück. Aber das Feuer an sich ist ewig. Nur seine Manifestation ist zeitlich. Jede Flamme, die wir vor unseren Augen sehen, ist ein Bote des ewigen Feuers.

Von allen vier irdischen Elementen – Erde, Wasser, Luft und Feuer – ist das Feuer das feinste, subtilste, höchste, immateriellste. Wenn wir einmal die vier Elemente auf die Wesensglieder des Menschen anwenden, dann können wir sagen: Die *Erde* zunächst wird assoziiert mit dem *physischen Körper*, einschließlich seiner dichtstofflichen ätherischen Aura; das ist das Reich der Materie. Das *Wasser* wird verbunden mit dem Psychischen, mit dem niederen Astralen, mit der Welt der Gefühle, Leidenschaften, Emotionen, also dem im eigentlichen Sinne *Seelischen*. Dieses Reich untersteht der Regentschaft des Mondes. Die *Luft* wird mit dem Mentalen assoziiert, aber mit dem niederen Mentalen, mit dem *Verstand*, der ebenso unstet und wankelmütig ist wie die Gefühle. Das *Feuer* zuletzt wird mit noch Höherem in Verbindung gebracht. Es steht für das höhere Mentale, für den transzendentalen Geist.

Der Feuersymbolik, wie sie in den Weltreligionen und in den Mysterienschulen vorkommt, liegt eine tiefe Wahrheit zugrunde. Aber eigentlich ist das Feuer nicht bloß ein Symbol. Jedem physischen Feuer liegt ein transzendentales Feuer zugrunde, und dieses ist nicht bloß irgendeine willkürlich gewählte inhaltleere Metapher, sondern es ist Wahrheit. Das transzendentale Feuer existiert! Und wir alle sind Teilhaber daran. Unser höheres Selbst ist ein Feuer-Selbst. Unser höherer Körper, mit dem wir die Geistigen Welten durchmessen werden, ist ein göttlicher Feuerkörper. Und die himmlischen Welten sind Feuerwelten. Man kann auch sagen: Lichtwelten. Aber Licht ist ja nur eine Erscheinungsform des Feuers. In der Antike bezeichnete man den höchsten Himmel als das *Empyreum*, den Feuerhimmel.

Die Feuersymbolik lässt sich auch auf den Weltengang der Evolution anwenden. In diesem Sinne könnte man nämlich sagen, dass wir alle Funken göttlichen Feuers sind, die schlussendlich, nach einem langen Weltengang durch viele irdische Verkörperungen hindurch, wieder in das Große Göttliche All-Feuer zurückkehren. Mit anderen Worten: Wir sind Funken aus der Flamme, die aus dem Urfeuer dieser Flamme austraten, dann als isolierte kleine Funken die verschiedenen Pläne des Daseins durchwirbelten, um zuletzt wieder mit dieser Flamme eins zu werden. Sehr schön wird dies in der *Mundaka-Upanishad* (2.1) ausgedrückt:

Wie aus dem wohlentflammten Feuer die Funken,
Ihm gleichen Wesens, entspringen,
So geh'n, o Teurer, aus dem Unvergänglichen
Die mannigfachen Wesen hervor
Und wieder in dasselbe ein.[73]

Ähnlich hat es Goethe ausgedrückt: „Ich glaube, dass wir einen Funken jenes ewigen Lichtes in uns tragen, das im Grunde des Seins leuchten muss und welches unsere schwachen Sinne nur von ferne ahnen können. Diesen Funken in uns zur Flamme werden zu lassen, und das Göttliche in uns zu verwirklichen, ist unsere höchste Pflicht."[74]

In der *Geheimlehre* wird die oberste Gottheit als die *Eine Flamme* bezeichnet. Jede spezielle Flamme, jedes Licht, jeder Funke ist eine Reflexion, eine Abstrahlung dieser Einen Flamme. In Band 1, *Kosmoge-*

Seite 122

nesis, finden wir zu diesem Sachverhalt folgende Erklärung: „Was sagt die esoterische Lehre in Bezug auf Feuer? *Feuer ist, im Himmel wie auf der Erde, die vollkommenste und reinste Reflexion der Einen Flamme. Es ist Leben und Tod, der Ursprung und das Ende eines jeden materiellen Dings. Es ist göttliche Substanz.*"[75]

Die Anhänger der Lichtreligion des Zarathustra, die heutigen Parsen, sprachen von einem Heiligen Urfeuer, *Zervana Akarana*, aus dem alles Geschaffene herkommt, und in den es auch wieder zurückkehrt. Die individuelle Flamme, das innere Licht des Menschen, wird im Zarathustrismus als *Fravashi* bezeichnet. Im Volksmund gelten die Parsen allgemein als Feueranbeter. Dies zeigt im Grunde nur, dass sie den Gehalt der esoterischen Urlehre noch am reinsten bewahrt haben. In ihren heutigen Tempeln, in Nordwestindien und im Iran, erhalten die Parsen eine immer brennende Flamme.

Im Prometheus-Mythos ist vom *geraubten Feuer* die Rede; gemeint ist damit das kosmische Sonnenfeuer, das zugleich das Denkfeuer des Menschen ist. Der Geist des Menschen, der ihn überhaupt erst zum Menschen macht, scheint etwas Feuriges oder dem Feuer Vergleichbares zu sein. Nach Ansicht der Theosophie wurde der Geist an die Menschen weitergegeben von höheren Wesen der Welt-Evolution, und der Mensch wird eines Tages die Fackel des Geistes selbst weitergeben an diejenigen, die auf der Stufenleiter der Evolution heute noch unter ihm stehen. So gleicht der Geist einer *Heiligen Flamme*, die immer neue Dochte zu eigenem Glühen entzündet, sodass schließlich die ganze Welt der Materie erstrahlt im Licht des Geistes! Da das uns übergebene Feuer solaren Ursprungs ist, so sind wir in gewisser Weise auch Kinder der Sonne. Dabei müssen wir von den Naturtatsachen des Feuers und der Sonne weitgehend abstrahieren, indem wir sagen, dass wir Kinder der geistigen *Ur- und Zentralsonne* sind. Diese können wir auch als das *Eine Zentrale Feuer* bezeichnen. Diese Bezeichnung entspricht dem traditionellen Begriff „Gott", ist jedoch diesem sicherlich vorzuziehen, da weniger mit anthropomorphen Vorstellungen verbunden.

Diese *Eine Flamme*, dieses *Eine Zentrale Feuer* ist eine schöpferische, kreative, weltenerschaffende Macht. Sie hat die Welt aus sich selbst hervorgebracht, und sie wird sie eines Tages auch wieder in sich zurückziehen, gleichsam in sich einschlürfen, wenn der Zeitpunkt eines großen Pralaya wieder gekommen ist. Dieser Wechsel von Einziehen und Herausstoßen währt ewig; es ist die ewige Pulsation des Feuers. Deshalb schreibt der Philosoph Heraklit (um 500 v. Chr.) in einem seiner Fragmente:

> Diese Welt, dieselbe für alles,
> hat weder ein Gott noch ein Mensch erschaffen,
> sondern sie war immer und ist und wird sein
> ewig lebendiges Feuer,
> das periodisch aufflammt und wieder verlischt.[76]

Der Weg der Theogenesis

Als Ewige Weisheitsreligion darf die Hermetik in der Tat gelten; denn in ihrem Mittelpunkt steht ein Weltbild der wechselseitigen Entsprechung von Mikro- und Makrokosmos sowie das Geheimnis der Gottwerdung des Menschen. Und was Gautama Buddha für die Völker des Ostens war, der große Geisteslehrer und Wegbereiter zur Erlösung, das bedeutet Hermes Trismegistos für die Völker und Kulturen der westlichen Hemisphäre. Denn das Ziel allen hermetischen Strebens ist ja die Theogenesis, die Gottwerdung des Menschen und seine Einswerdung mit dem All-Einen – buddhistisch gesprochen: das Eingehen ins Nirwana.

Für Madame Blavatsky waren daher Buddha und Hermes in jeder Hinsicht Parallel-Gestalten; deshalb sagt sie im dritten Band der *Geheimlehre*: „Die Geheimlehre des arischen Ostens findet sich unter ägyptischer Symbolik und Ausdrucksweise wieder in den Büchern des Hermes."[77]

Worin besteht nun der hermetische Weg der Theogenesis? Hierzu ein Text aus dem *Corpus Hermeticum*: „Ganz vortrefflich, sprach ich, hast Du mich über all dies belehrt, wie ich es gewünscht hatte. Aber erzähle mir nun auch von dem Aufstiegsweg, auf dem der Mensch in das Leben eingehen kann. Mit der Auflösung des materiellen Leibes wird zunächst einmal der Körper verwandelt, wobei die sichtbare Leibesform – die Du bisher hattest – verschwindet. Die körperlichen Sinne kehren an ihren eigenen Ort zurück, sie werden wieder Teile des Universums, und in neuen Verbindungen tun sie ihre Arbeit. Der hiervon befreite Mensch aber schreitet aufwärts durch die Himmelssphären."[78]

Der Aufstieg des Mysten durch die Planetensphären wird in allen antiken Einweihungskulten geschildert, besonders in den Mithras-Mysterien und den verschiedenen Schulen der Gnosis, die zeitgleich mit der Hermetik bestanden. Mit den Planetensphären ist esoterisch die Astralebene mit ihren sieben Unterabteilungen gemeint. Den Durchgang durch diese sieben Sphären finden wir in dichterischer Form beschrieben in Dante Alighieris *Göttlicher Komödie*, die durchaus hermetisches Weistum enthält. Im *Purgatorio* werden die Laster der sieben Planeten getilgt, und das *Paradiso* Dantes ist aus sieben planetarischen Sphären aufgebaut, die – mit dem Mond beginnend – sich oberhalb einer Sphäre des Feuers (Äther?) erheben. Am Schluss der Aufstiegswanderung wird Dante, ganz nach der Art des hermetischen Adepten, in die Fixsternsphäre erhoben, wo er von seinem eigenen Sternbild der Zwillinge durch alle sieben Planetensphären auf die Erde herunterblickt: „und klar lernt' ich verstehen / Wie sie veränderlich die Bahnen ziehn' / Und alle sieben konnt' ich also sehen, / Wie sie gewaltig sind und wie geschwind, / Und wie in Gleisen sie gesondert gehen. / Die Scholle Land, auf die so stolz wir sind, / Sah ich, vom ew'gen Zwillingspaar hernieder ... " (*Paradiso* 22, 146–152).

In der *Göttlichen Komödie* entfaltet Dante Alighieri das folgende kosmologische Modell: zwischen der Erde und dem untersten Himmel befindet sich die Feuerregion; auf diese folgt der erste Himmel als die Sphäre des Mondes und die sechs anderen astralen Reiche von Merkur bis Saturn; darüber dann als achte die Fixsternsphäre, die Dante im 22. Gesang des *Paradiso* betritt, und darüber wölbt sich die Neunte Sphäre oder das *primum mobile*, das seine Eigenbewegung auf alle anderen Sphären überträgt. Man sieht hier, dass das Neun-Sphären-Modell zum Gemeinbesitz abendländischer Esoterik gehört.

Stanze 8

Es steigt von der Erde zum Himmel und steigt dann wieder zur Erde hinab und erhält die Kraft der Oberen und Unteren.

Der Vorgang der Himmelfahrt oder Astralreise wird in diesem Fragment angesprochen. Die Loslösung des Astralkörpers vom physischen Leib und die Himmelfahrt der Seele bildeten die Sinnmitte und das innere Geheimnis aller Mysterien-Einweihung. Die Seele des Initiierten sieht sich in die Lage gesetzt, den physischen Leib willentlich zu verlassen und in immer höhere Geistesregionen aufzusteigen, wobei sie nach drei Tagen in den physischen Leib zurückkehren muss.

Das Mysterium der Himmelfahrt

Die *Himmelfahrt*, der Aufstieg zu Gott, die Seelenreise des Eingeweihten – sie war das zentrale Mysterium in der antiken Welt. Wenn wir uns näher mit diesem Thema befassen wollen, so müssen wir zuerst klären, was unter dem Begriff „Himmel" zu verstehen ist. In Religion und Mythos der antiken Völker spielt die Vorstellung des Himmels eine große Rolle. Er wurde gedacht als Gewölbe, in Mesopotamien etwa, im Alten Testament als Zeltdach (Ps. 104/103,2) oder als Mantel Gottes (Ps. 102/101, 26), in anderen orientalischen Religionen als Ge-

wand des babylonischen Gottes Marduk. Im Alten
Ägypten wurde das nächtliche Himmelsfirmament
als Göttin Nuth verehrt; sie symbolisierte den be-
stirnten Nachthimmel. Es gibt auch die Vorstellung,
Himmel und Erde seien ursprünglich vereint gewesen und erst durch einen späteren Schöpfungs-
akt getrennt worden, durch die Spaltung eines Ur-
wesens – in Babylonien des Drachen *Tiamat*, in der
germanischen Mythologie des Urriesen *Ymir*. Im
griechischen Mythos vereinen sich Himmel und
Erde als das erste Urgötterpaar und bringen durch
ihre eheliche Vereinigung den Stammbaum der
Götter hervor.

Das Himmelsgewölbe dachte man sich in früherer Zeit als eine Kuppel aus Bronze oder Eisen, die
von Pfeilern oder – im griechischen Mythos – von
dem Titanen Atlas gestützt wurde. Daneben gab es
aber auch eine esoterische Auffassung des Himmels,
bei Platon als der Ideen-Himmel < *kosmos noetos* >
oder im Neuen Testament als der Wohnsitz Gottes
und seines Hofstaates, der Engel, in Zukunft auch
der Gläubigen (Phil. 3,20). Dabei ist nicht die Vorstellung des Himmels als Raum von Bedeutung,
sondern vielmehr als Zustand ewiger Beglückung
durch unmittelbare Schau Gottes. Man teilte den
Himmel in Sphären ein, analog den Planetensphären im sichtbaren Raum, die verschiedene Zustände
innerer Seligkeit bedeuten. Auf ihrer Reise durch
die Himmelssphären streife die aufsteigende Seele
ihre Gebrechen ab, bis sie im obersten Himmel oder
im überhimmlischen Ort ewige Ruhe und die Schau
Gottes findet.

Als „Heer des Himmels" werden in der Bibel die
Engel um Gottes Thron bezeichnet (1. Kön. 22,19; 2.

Seite 128

Chr. 18,18; Lk. 2,13), in älterer Zeit die Gestirne (Jes. 34,4; 40,26), die häufig als Götter verehrt wurden (5. Mose 4,19; Zef. 1.5). Sehr geläufig war die Vorstellung, sich den Himmel in Stockwerke gegliedert zu denken, in der Regel sieben, das „Paradies" dachte man sich im „dritten Himmel" (2. Kor. 12, 2–4). Diese Stockwerke oder Etagen sind als innere Zustände, nicht als äußere Räume zu denken. Nach dem Epheserbrief ist der Raum zwischen Himmel und Erde von dämonischen Wesen bevölkert, die Gott und den Menschen feindlich sind; Christus habe sie bei seiner Himmelfahrt besiegt und gefangen genommen (Eph. 4,8-10; 6,12). Wenn man versucht, die Himmelfahrt Christi als esoterische Tatsache zu begreifen, dann darf man sich nicht an der Vorstellung vom äußeren Himmelsfirmament festhalten, sondern man muss den Himmel als inneren Bewusstseinszustand sehen, als Ort der Seligkeit, als Vereintsein mit Gott.

In der heidnischen antiken Welt war das Motiv der Himmelfahrt der Seele weitverbreitet. Man verstand darunter die lange, oft gefahrvolle Reise des Eingeweihten, seinen Aufstieg, durch verschiedene Sternensphären hindurch, zum ewigen Wohnort Gottes. Es ist hier unsere These, dass die Himmelfahrt kein bloßer Mythos ist, sondern das zentrale Motiv antiker Einweihung, in ägyptischen, mesopotamischen, jüdischen und anderen Quellen häufig vorkommt. Die Seelen der Toten bringt in der altindischen Religion der Feuergott Agni auf dem „Götterweg" in den Himmel Brahmas; eine Himmelsreise des Propheten Mohammed wird ebenfalls berichtet. In der apokalyptischen Literatur des Judentums, unter hellenistischem Einfluss entstanden, wird die Himmelsreise oft dargestellt, meist mit einer Offenbarung göttlicher Geheimnisse verbunden.

Ein der Himmelfahrt sehr ähnliches Motiv ist die „Entrückung"; darunter versteht man das Aufgenommenwerden in den Himmel. Die Entrückung des Apostels Paulus in den „dritten Himmel" (2. Kor. 12,2) war wohl nur vorübergehend, aber von dem alttestamentlichen Henoch und von Elias wird berichtet, dass sie dauerhaft in den Himmel aufgenommen wurden. *Henoch* (hebr. der Kundige, Wissende, Eingeweihte), der Vater Methusalems und Großvater Noahs, wird bereits in der Genesis erwähnt als ein Patriarch, um dessen Weisheit sich viele, teilweise auch nichtjüdische Legenden ranken. In der Reihe der babylonischen Urkönige entspricht ihm *Emmenduranki*. Er galt als Erfinder der Rechenkunst, der Schrift, der Astronomie, verfügte über magische Fähigkeiten und fuhr wie Elias in den Himmel auf. Kein Wunder, dass dieser Hocheingeweihte aus frühester Zeit zur Hauptperson des Wunderglaubens bei Juden, Christen und Muslimen gleichermaßen wurde. Nach 1. Mose 5,18 ff. war Henoch der siebente von zehn Urvätern, die in unmittelbarer Verbindung mit Gott gestanden haben sollen; seine Abstammung wird auf Seth, den dritten Sohn Adams, zurückgeführt. Sein Alter wird mit 365 Jahren angegeben; und er soll, ohne zu sterben, in den Himmel entrückt worden sein: *„Und weil er mit Gott wandelte, nahm ihn Gott hinweg, und er ward nicht mehr gesehen"* (1. Mose 5,24).

Darauf nimmt noch der Autor des Hebräerbriefs Bezug, wenn er sagt: *„Durch den Glauben wurde Henoch entrückt, damit er den Tod nicht sehe, und wur-*

de nicht mehr gefunden, weil Gott ihn entrückt hatte; denn vor seiner Entrückung ist ihm bezeugt worden, dass er Gott gefallen habe" (Hebr. 11, 5). Das Spätjudentum kennt eine reiche apokalyptische Literatur, die an die Gestalt Henochs anknüpft; so gibt es ein äthiopisches Henochbuch, das in Bruchstücken auch in Griechisch erhalten ist, ein slawisches Buch Henoch, stark christlich beeinflusst, und frühestens seit dem 3. Jahrh. n. Chr. ein hebräisches. Im Christentum zählt das *Buch Henoch* zu den Apokryphen des Alten Testaments.

Als Großvater Noahs gehört Henoch natürlich der vorsintflutlichen Welt an, und es wird gesagt, dass Henoch seinen Zeitgenossen die bald hereinbrechende Sintflut prophezeit habe; auch habe er all sein Wissen auf zwei Säulen verewigt, die aufgrund ihres Materials geeignet waren, die Katastrophe zu überdauern und danach von Juden und Ägyptern aufgefunden wurden. So spannt sich ein geistiger Verbindungsfaden vom Urvater Henoch, dem großen Eingeweihten der vorsintflutlichen Welt, zur ägyptischen Pyramidenkultur.

Dem biblischen Henoch sehr ähnlich ist der ägyptische Weise *Hermes Trismegistos*. Er genoss noch bei den Kirchenvätern großes Ansehen. Lenglet du Fresnoy behauptet in seiner *Histoire de la Philosophie Hermetique* (1742), dass Thot oder Athotis, den die Griechen Hermes Trismegistos nannten, in Wahrheit *Siphaos* geheißen und als Priester oder König um 2000 v. Chr. in Ägypten gelebt haben soll. Er soll auch Bücher der Weisheit verfasst haben, die bis heute verschollen sind. Als Verwahrungsort dieser Geheimschriften kommen sicherlich in erster Linie verborgene Kammern der Pyramiden in Frage. In diesem Zusammenhang wollen wir hier auf das hermetische Buch *Kore Kosmou* hinweisen, wo gesagt wird, dass Hermes „zu den Sternen aufgestiegen" sein soll, ähnlich wie Henoch, der „entrückt" wurde und zum Himmel auffuhr, zuvor jedoch die von ihm verfassten Schriften an einem sicheren Ort verwahrt haben wollte.

Wurde Henoch einst, nach dem Zeugnis der Bibel, „in den Himmel entrückt", stieg Hermes „zu den Sternen auf", um dort in Gesellschaft der Götter zu verweilen, so dienten die Pyramiden offensichtlich der Himmelfahrt des Pharao. Im *Ägyptischen Totenbuch* heißt es einmal vom Pharao in Bezug auf die Pyramide: „Eine Rampe wird dir gebaut, dass du darauf zum Himmel emporsteigst", und an anderer Stelle: „Der Himmel hat für dich die Strahlen der Sonne gestärkt, auf dass du dich zum Himmel emporheben mögest, wie das Auge des Re". Die Pyramiden waren also nicht nur Gräber der Könige, sondern auch Einweihungstempel, wie ähnlich das Totenbuch nicht bloß eine Sammlung magischer Sprüche, sondern in erster Linie alte Einweihungstexte beinhaltet. Die Pyramide kündet vom Mysterium der Himmelfahrt des gottgewordenen Eingeweihten; in der Nachfolge von Henoch und Hermes, den ersten zum Himmel Aufgestiegenen, steigt der geistverklärte Pharao zu den kosmischen Sphären hoch, um wieder heimzukehren in seine göttliche Urheimat oben im Himmel.

Dem Ziel der Himmelsreise des Pharao diente offensichtlich auch das 43 Meter lange, aus Zedernholz gefertigte Königsschiff, das im Mai 1954 knapp südlich der Großen Pyramide in einer Grube versteckt aufgefunden wurde. Es war wohl eine Nach-

bildung jenes kosmischen Sonnenbootes, mit dem –
wie man glaubte – Re und die anderen Götter täg-
lich den Himmelsraum durchmessen. Da Sonne und
Mond in der Schau des mythischen Dichters ihren
Weg durch die Horizonte als Schiffe zurücklegen,
muss auch der Sohn des Sonnengottes, der Pharao,
seine Reise in einem Boote unternehmen, zumal seine wichtigste bei vollendeter Göttlichkeit nach dem
Tode. „Im Sonnenschiff glaubte der Ägypter die
Reise in das Totenreich des Osiris antreten zu müssen. Später sahen auch die Manichäer in der Licht-
säule den Weg aus der irdischen Gefangenschaft in
die himmlische Freiheit. Im Totenreich aber herrsch-
te Osiris, der erste der Götter, der gestorben und
wiederauferstanden war, durch die Liebe seiner
Frau und die Treue seines Sohnes. Ausgesprochener
Wunsch des Ägypters war, auf der Reise im Sonnenschiff wie Osiris, ja Osiris selbst zu werden."[79]

Das Bild des Entrücktwerdens von Gott als einer
leibhaftigen Himmelfahrt, am Beispiel Henochs
sichtbar geworden, geht auf einen mesopotamischen Urmythos zurück, den Mythos von *Etanas
Himmelfahrt*. Leider ist er nur sehr schlecht und
lückenhaft erhalten, doch aus den dürftigen Quellen, die uns zu Verfügung stehen, lässt sich so viel
erkennen:

Der Halbgott Etana, der vor unvordenklicher
Zeit im Zweistromland lebte, ein Genosse und
Stammverwandter der Götter, wollte seiner un-
fruchtbaren Frau aus dem Himmel das „Kraut des
Gebärens" verschaffen, damit diese den künftigen
Herrscher des Landes gebären könne. Mit Gebet
und Opfer wandte er sich an *Schamasch*, den alt-
mesopotamischen Sonnengott, und dieser gab ihm

die Erlaubnis, besagtes Kraut aus dem Himmel zu holen. Sodann wies er Etana an, „auf den Berg" zu gehen. Dort befand sich ein Adler gerade im Kampf mit einer Schlange – ein Symbol für den Widerstreit zwischen der höheren und der niederen Natur des Menschen. Etana stand dem Adler bei, und dieser erklärte sich daraufhin bereit, ihn auf seinen Schwingen zum Himmel emporzutragen. Eine freie Nachdichtung des Himmelfahrtsmythos soll hier nun folgen:

„Nachdem er ihn eine Meile emporgetragen hatte, sprach der Adler zu Etana: ‚Sieh hinunter! Wie verändert sieht die Erde aus! Gleicht sie nicht einem Berg? Und gleicht das Meer nicht einem Fluss?' Nach einer zweiten Meile ihres Fluges sprach der Adler abermals: ‚Sieh hinunter auf das Land! Sieht es nicht aus wie ein Garten?' So blickten sie nach jeder Meile hinunter, und jedesmal bot die Erde einen anderen Anblick. Schließlich gelangten sie zum Himmel Anus, Enlils und Eas und warfen sich demütig am Tore nieder. Aber hier in diesem Himmel erhielten sie das Kraut nicht. Sie mussten noch höher hinauffliegen, zum Himmel der Göttin Ischthar, die für glückliche Geburten sorgte und das Kraut aufbewahrte. Wieder schmiegte sich Etana an den Adler, und wieder zeigte dieser ihm bei jeder Meile ihres Höhenfluges, wie sich der Anblick der Erde veränderte, bis das Land einem Kuchen glich und das weite Meer wie ein Brotkorb aussah. Dann war die Erde ganz ihren Blicken entschwunden, und Etana wurde von großer Furcht gepackt. Er wollte nicht noch höher hinaufsteigen, zurückkehren wollte er zur Erde. Da aber stürzte er mit dem Adler auf die Erde hinab, noch ehe sie Ischthars

Himmel erreicht und das Kraut erhalten hatte."[80]

Der Schluss bleibt unbefriedigend; er erinnert etwas an den griechischen Dädalus-Mythos, wo der zum Himmel Aufsteigende ebenfalls abstürzt, da ihm in der Nähe der Sonne die künstlichen Wachsflügel zerschmelzen. Auch Bellerophon hatte, wie wir wissen, wenig Glück mit seinem Versuch, auf dem Rücken des Pegasus zum Olymp emporzureiten. Es wird hier deutlich, dass die Himmelreise des Eingeweihten ein gefährliches Unterfangen darstellt, dem sich viele Hindernisse in den Weg stellen können. Der *Adler*, der im hier erzählten Mythos Etana zum Himmel bringen will, ist ein Symbol für den *Geistkörper des Eingeweihten*, den „Auferstehungsleib", wie der Apostel Paulus ihn nennt. Man vergleiche hiermit Platons Bildnis von der Ent- und Befiederung der Seele! Die Entfiederung, so erfahren wir in dem Dialog *Phaidros*, bewirkt den Abstieg in die Körperwelt; die Befiederung regt die Seele zum Fliegen an und trägt sie in die höheren Geistesreiche, ja bis zu jenem „überhimmlischen Ort", zu dem selbst die Götter mit Staunen und Ehrfurcht emporschauen. Mit den Flügeln des Geistes, wie mit Adlerflügeln, steigt der Myste zu dem ewigen Geistesort empor: „Die Kraft des Gefieders besteht darin, das Schwere emporhebend hinaufzuführen, wo das Geschlecht der Götter wohnt."[81]

In Etanas Himmelfahrt kann man wohl den Urmythos sehen, der nicht nur der Henochgeschichte, sondern auch als eine Art geistiger Prototyp ähnlichen Himmelfahrtberichten in griechischen, iranischen und ägyptischen Quellen zugrunde liegt. Der Himmelfahrt des Pharao diente bekanntlich jenes aus Zedernholz gefertigte Sonnenboot, das dem in der Pyramide Bestatteten beigegeben wurde. Auch von Hermes Trismegistos wurde gesagt, er sei „zu den Sternen aufgestiegen", um dort den Göttern gleichzuwerden und für immer bei ihnen zu wohnen. Zu den ägyptischen und hermetischen kommen die jüdischen Berichte hinzu. Heißt es doch von Elia, einem Propheten aus der israelitischen Frühzeit unter König Ahab (871–852 v. Chr.), er sei von Gott leibhaftig in den Himmel genommen worden. Elia ist wie Henoch ein „Entrückter", ein Sternenwanderer, ein Himmelsreisender. Über seine Entrückung sagt die Bibel, er sei in einem feurigen Wagen hinweggeflogen: „Als aber der Herr Elia im Wetter gen Himmel holen wollte, gingen Elia und Elisa von Gilgal weg. (2. Kön. 2,1) Und als sie miteinander gingen und redeten, siehe, da kam ein feuriger Wagen mit feurigen Rossen, die schieden die beiden voneinander. Und Elia fuhr im Wetter gen Himmel" (2. Kön. 2,11).

Die feurigen Rosse sind eindeutig die Seelenrosse als Symbol für den astralen oder siderischen Doppelkörper; Wagen bedeutet so viel wie Gefährt, eine bei den Eingeweihten durchaus übliche Bezeichnung für den Geist- oder Auferstehungskörper. Dieser noetische Körper gilt als ein Fahrzeug, das – durch geistige Disziplin und Übung gebildet – seinen Erbauer in den Himmel der Götter emporträgt. Selbst in den Schulen des Buddhismus ist die Bezeichnung Fahrzeug üblich (Kleines Fahrzeug / Großes Fahrzeug / Diamantfahrzeug). Es wäre darum völlig widersinnig, den feurigen Wagen des Elia exoterisch und materialistisch zu deuten als ein Fluggerät, wenn nicht gar als Rakete oder Raumfahrzeug, wie dies die Anhänger Erich von Dänikens vielleicht gern tun würden. Es handelt sich dabei um eine Projektion rationalistischer Denkmuster in die Kulturen der fernen Vergangenheit, die sich auf Grund ihrer rein spirituellen und hohepriesterlichen Ausrichtung in ganz anderen Gedankenbahnen bewegten.

In engem Zusammenhang mit dem Feuerwagen des Elia steht die berühmte *Thronwagen-Vision des Propheten Hesekiel*. Die Berufung Hesekiels zum Prophetenamt erfolgte im Jahre 593 v. Chr. zur Zeit des 1. babylonischen Exils. Es war „im Lande der Chaldäer am Fluss Kebar", da kam eine gewaltige Vision über ihn; die Himmel öffneten sich und Gott offenbarte ihm herrliche Gesichte. Das Flugfahrzeug, das der Prophet nun sieht, stellt eine komplizierte Anordnung rotierender Räder dar, besetzt mit gewaltigen vierflügeligen Cherubim: „Und ich sah, und siehe, es kam ein ungestümer Wind von Norden her, eine mächtige Wolke und ein loderndes Feuer, und Glanz war rings um sie her, und mitten im Feuer war es wie blinkendes Kupfer. Und mitten drin war etwas wie vier Gestalten; die waren anzusehen wie Menschen." (Hes. 1,4–5)

„Als ich die Gestalten sah, siehe, da stand je ein Rad auf der Erde bei den vier Gestalten, bei ihren vier Angesichtern. Die Räder waren anzuschauen wie ein Türkis und waren alle vier gleich, und sie waren so gemacht, dass ein Rad im andern war. Nach allen vier Seiten konnten sie gehen; sie brauchten sich im Gehen nicht umzuwenden. Und sie hatten Felgen, und ich sah, ihre Felgen waren voller Augen ringsum bei allen vier Rädern. Und wenn die Gestalten gingen, so gingen auch die Räder mit, und wenn die Gestalten sich von der Erde

emporhoben, so hoben die Räder sich auch empor."
(Hes. 1,15–19)

Was der Prophet hier erschaut, ist der *Thronwa-
gen Gottes* in all seiner Herrlichkeit – in der späteren
jüdischen Mystik als die *Merkabah* bekannt. Die Merkabah ist ein göttliches Lichtenergie-Vehikel, das es
höherdimensionalen Wesen ermöglicht, mit den
Auserwählten der Erde in Verbindung zu treten.
Umgekehrt kann die Merkabah auch von den Auserwählten der Erde genutzt werden, um in höhere
Seins-Dimensionen aufzusteigen, in die Sphären der
Himmel, wobei mit Himmel nicht der äußere Ster-
nenhimmel, sondern der innere Geisteshimmel gemeint ist. So fungiert die Merkabah als ein interdi-
mensionales Sphärenschiff, wobei sie als Gefährt,
Fahrzeug oder Wagen eine ähnliche Rolle spielt wie
der Adler bei der Himmelfahrt Etanas oder das See-
lengefieder als Instrument des Aufstiegs bei Platon.
Im einen wie im anderen Fall ist die Seelenreise des
Eingeweihten zum Himmel die Urerfahrung, die all
diesen verschiedenen Bildern als sinngebender Er-
fahrungsgrund zugrunde liegt.

Der Reinkarnationsgedanke

Der Text von Stanze 8: „*Es* [der Mensch] *steigt von
der Erde zum Himmel und steigt dann wieder zur Erde
hinab und erhält die Kraft der Oberen und Unteren*"–
dieser Text lässt sich sicher auch im Sinne des Rein-
karnationsgedankens verstehen. Die Himmelfahrt,
wie sie von Henoch, Hermes und all den großen
Eingeweihten vollzogen wurde, ist sicherlich ein
Privileg von nur Wenigen. Nur Wenige besitzen die
Seelenqualität, die sie dazu berechtigt, in die Sphären des Himmels entrückt zu werden. Reinkarnati-

Seite 138

on, wiederholte Erdenleben, ist dagegen das Schicksal der Masse. Dem Gesetz von Schuld und Sühne unterworfen, müssen sie sich durch viele Existenzformen emporläutern, bis auch sie zuletzt eingehen in das transzendentale Reich Gottes

Im Weltbild der Ägypter hatte die Lehre von der Reinkarnation – der Gedanke von wiederholten Erdenleben – einen festen Platz; Herodot nimmt an, dass solche Ideen von Ägypten nach Griechenland gelangt sind: „Die Ägypter sind die ersten, welche die Meinung ausgesprochen haben, dass die menschliche Seele unsterblich ist und, wenn der Körper verwest, immer in ein anderes, eben zum Leben kommendes Lebewesen hineingeht. Sie sei jedesmal herumgewandert durch alle Tiere des Landes, des Meeres und des Himmels. Dann gehe sie wieder in einen zum Leben kommenden Menschenleib ein, und diese Umwanderung mache sie in dreitausend Jahren. Diese Meinung haben unter den Hellenen etliche angenommen, die einen früher, die anderen später, als wäre sie ihre eigene. Ich kenne ihre Namen, schreibe sie aber nicht auf."[82]

Ob die „dreitausend Jahre" als Dauer eines zyklischen Umlaufs durch alle Lebensformen wörtlich oder symbolisch zu nehmen sind, mag dahingestellt sein. Goethe sagt in seinem *West-Östlichen Divan*:

> Wer nicht von dreitausend Jahren
> Sich weiß Rechenschaft zu geben,
> Bleibt im Dunkeln unerfahren,
> Mag von Tag zu Tage leben.[83]

In den hermetischen Traktaten wird gelegentlich der Reinkarnationsgedanke erwähnt. Hermes Trismegistos geht zunächst aus von der Präexistenz des Menschen, seiner ursprünglichen Verbindung mit der kosmischen Weltseele. Erst nachdem die Seelen sich losgelöst haben von dieser „Einen Seele", beginnt für sie der Zyklus der Inkarnation: „Hast du nicht gehört, was ich in meinen Allgemeinen Reden gesagt habe: Alle Seelen, die von einem Ort zum anderen durch den Kosmos dahingetrieben werden, sind sozusagen abgetrennt von der Einen Seele, nämlich von der Seele des Universums."[84]

Die Einzelseelen waren ursprünglich Bestandteile der universalen Weltenseele, aus der sie sich jedoch herauslösen mussten, um sich als Einzelwesen in der stofflichen Welt inkarnieren zu können. Auch die *Geheimlehre* behauptet die „fundamentale Identität der Seelen mit der universalen Oberseele", die der amerikanische Dichter Ralph Waldo Emerson (1803–1882) als *Oversoul* oder *Überseele* bezeichnet hat. Der Neuplatoniker Plotin sagt von den Einzelseelen: „Bleiben sie in der geistigen Welt mit der Allseele vereint, so haben sie Leidensfreiheit; bleiben sie im Kosmos bei ihr, so können sie mit ihr zusammen das All lenken, sowie die Helfer, die bei dem obersten König sind, mit ihm gemeinsam regieren, ohne doch von der Königsburg herabzusteigen. Denn sie sind ja dann in einer Ganzheit beisammen."[85]

Weiterhin sagt Hermes Trismegistos im Gespräch mit Tat: „Und diese Seelen nun durchlaufen viele Veränderungen, wodurch einige zu einem glücklicheren Leben gelangen, andere zu einem unglücklicheren. Die Seelen der Pflanzen wandeln sich in Lebewesen, die im Wasser wohnen; die Seelen der im Wasser Wohnenden wandeln zu Lebewesen, die das Festland bewohnen; die Seelen der Landtiere wandeln sich zu Vögeln in der Luft; und die Seelen der durch die Luft Fliegenden wandeln sich zu Menschen. Und die menschlichen Seelen, wenn sie die Anfänge eines Lebens der Unsterblichkeit erreicht haben, wandeln sich zu Geistwesenheiten, und danach gelangen sie in den choralen Tanzkreis der Götter".[86]

Der Reinkarnationsgedanke stellt offenbar einen festen Bestandteil der hermetischen Philosophie und Einweihungslehre dar, aber er ist stets verknüpft mit einem Konzept evolutionärer Höherentwicklung. Es wird davon ausgegangen, dass es einen göttlichen Urfunken gibt, der sich durch alle Seinsstufen, von der Mineral-, Pflanzen- und Tierwelt über die Menschenwelt bis in die höchsten Ebenen der Götterwelt stufenweise emporentwickelt. Diese evolutionäre Reinkarnationsphilosophie, die im Menschen nur die Vorstufe zu einem künftigen Göttergeschlecht erblickt, entspringt tiefer Mysterien-Wahrheit; sie war in den hermetischen, orphisch-pythagoreischen und druidischen Einweihungen enthalten. Man findet diesen Gedanken auch bei dem Pythagoreer Empedokles von Agrigent (um 490 v. Chr.), der in seinem Gedicht *Reinigungslied* sagt:

„Selbst schon war ich Knabe und Mädchen und war schon Pflanze und Vogel und stummer Fisch in den Fluten des Meeres. Schließlich werden die Weisen zu Sehern und Sängern und Ärzten oder sie walten als Fürsten im Kreis der sterblichen Menschen. Und aus solchen erwachsen zu Göttern sie herrlich an Ehren, teilen den Herd und den Tisch der anderen Unsterblichen wieder, frei und ledig von Leid, unwandelbar ewig."[87]

Da Pythagoras von Samos angeblich 22 Jahre lang in Ägypten weilte, wo er in Theben und Hermopolis in esoterisches Priesterwissen eingeweiht wurde, ist gut denkbar, dass er sein Konzept der Reinkarnation aus solchen Geheimlehren bezog. Seine eigene, Pythagoreische Schule verbreitere diesen Reinkarnations- und Evolutionsgedanken in den Ländern des Westens.

„Es gibt zwei Chöre der Götter: der eine ist der Chor der Planeten, der andere jener der Fixsterne. Dort hinzugelangen, ist die Krönungs-Glorie der Seele!"[88] Der Mensch soll in den „choralen Tanzkreis der Götter" gelangen, soll selbst ein Gott werden; die Gottwerdung des Menschen ist das Ziel der Welt-Evolution durch viele Ketten von Inkarnationen hindurch. Der hermetische Eingeweihte erreicht dieses Ziel früher als die restliche Menschheit. So ist auch die Verheißung zu verstehen, die Pythagoras in seinen *Goldenen Versen* ausspricht:

Wenn du aber den Körper verlässt,
Mögest du die Freiheit des Äthers erreichen,
Du wirst nicht mehr zu den Sterblichen gehören,
Du wirst ein unsterblicher Gott sein,
herrlich und heilig.[89]

Es gibt allerdings auch die Möglichkeit eines Rückfalls in frühere Existenzformen: „Aber wenn eine Seele, nachdem sie in einen menschlichen Körper eingetreten ist, weiterhin im Bösen verharrt, dann wird sie nimmermehr die Süße des unsterblichen Lebens zu schmecken bekommen, sondern sie

Seite 142

wird wieder zurückgezogen, muss ihren Lauf wiederholen, und gelangt zurück zu den Pflanzen; und eine solche schicksalsbeladene Seele, gescheitert in der Selbsterkenntnis, lebt dann im Dienst – als Fraß – übeltätiger und schwerfälliger Tierkörper. Zu solchem Verhängnis sind die dem Bösen verschriebenen Seelen verdammt."[90]

Aus dieser Bemerkung geht hervor, dass die Hermetik auch eine neuerliche Reinkarnation des Menschen in Tiergestalt als weiteres Zurückfallen auf der Stufenleiter der Evolution kennt. Diese Anschauung ist besonders im volkstümlichen Hinduismus weit verbreitet, und Pythagoras begründete damit die Notwendigkeit der vegetarischen Ernährung. Dagegen sagt William Q. Judge: „Reinkarnation bedeutet nicht, dass wir nach dem Tod in Tierformen eintreten, wie manche östlichen Völker irrtümlich glauben. 'Einmal ein Mensch, immer ein Mensch' ist die Lehre der Großen Loge."[91]

Es gibt ein Gedicht von Goethe, das den Reinkarnationsgedanken, dieses ewige Hinauf- und Hinabsteigen der Seele, sehr schön thematisiert. Es nennt sich *Gesang der Geister über den Wassern*:

> Des Menschen Seele
> Gleicht dem Wasser:
> Vom Himmel kommt es,
> Zum Himmel steigt es,
> Und wieder nieder
> Zur Erde muss es,
> Ewig wechselnd.
>
> Strömt von der hohen,
> Steilen Felswand

Der reine Strahl,
Dann stäubt er lieblich
In Wolkenwellen
Zum glatten Fels,
Und leicht empfangen,
Wallt er verschleiernd,
Leisrauschend,
Zur Tiefe nieder.

Ragen Klippen
Dem Sturze entgegen,
Schäumt er unmutig
Stufenweise
Zum Abgrund.

Im flachen Bette
Schleicht er das Wiesental hin,
Und in dem glatten See
Weiden ihr Antlitz
Alle Gestirne.

Wind ist der Welle
Lieblicher Buhler;
Wind mischt vom Grund aus
Schäumende Wogen.

Seele des Menschen,
Wie gleichst du dem Wasser!
Schicksal des Menschen,
Wie gleichst du dem Wind! [92]

Stanze 9

So hast du den Ruhm der ganzen Welt.

So hast du den Ruhm der ganzen Welt, lateinisch *Sic habebis gloriam totius mundi*, bedeutet: so hast du den Ruhm der *ganzen* Welt erlangt, *also des Mikrokosmos und des Makrokosmos.* Denn die ganze Welt ist das Zusammenwirken des Oberen und des Unteren, der himmlischen und der irdischen Seins-Ebenen. Der hermetische Eingeweihte, der den Weg der Tabula Smaragdina bis hierher durchschritten hat, ist nunmehr der Bürger zweier Welten geworden. Er gehört dem Reich Gottes an und ist doch inkarniert in der unteren materiellen Welt. Er ist das Bindeglied zwischen Oben und Unten geworden, der universale Vermittler, der mit den Göttern zu kommunizieren vermag, der es auch in seiner Hand hat, sie ins Irdische herabzurufen – der vollkommene Theurg und Weißmagier.

Die heilige Wissenschaft der Theurgie

Der große Renaissance-Philosoph, Magier, Mystiker und Alchemist Heinrich Cornelius Agrippa von Nettesheim (1485–1535) beruft sich immer wieder auf den hermetischen Satz „Wie oben, so unten", den er seiner Vorstellung von theurgischer Magie zugrunde legt. In seinem Hauptwerk *De Occulta Philosophia* sagt er: „Die Akademiker behaupten zugleich mit *Hermes Trismegistus*, und auch der Brahmine *Jarchas*, sowie die hebräischen Kabbalisten sind der Meinung, dass alles, was unter der Mondscheibe auf dieser unteren Welt der Erzeugung und der Verwesung unterworfen ist, auch in der himmlischen Welt sich befindet, aber auf eine himmlische Weise, ebenso in der geistigen Welt, aber in einer noch weit größeren Vollkommenheit, und endlich auf die vollkommenste Art im Archetypus. (...) Denn es herrscht in der Natur ein solcher Zusammenhang und eine solche Übereinstimmung, dass jede obere Kraft durch das einzelne Untere in langer und ununterbrochener Reihe ihre Strahlen austeilend bis zum Letzten strömt, und andererseits das Untere durch die einzelnen Stufen des Oberen bis zum Höchsten gelangt. Das Untere ist mit dem Oberen gegenseitig so verbunden, dass der Einfluss vom Endpunkte des Letzteren, von der ersten Ursache aus, bis zum Untersten sich erstreckt, wie bei einer angespannten Saite, die, wenn man ein Ende derselben berührt, plötzlich ihrer ganzen Länge nach erzittert, indem die Berührung auch am andern Ende wiederhallt. Wird daher etwas Unteres in Bewegung gesetzt, so wird es auch das Obere, dem es entspricht, wie die Saiten an einer wohlgestimmten Zither."[93]

Die niedere, grobstoffliche, elementarische Welt wird auch die *sublunare Welt* genannt, die unterhalb des Mondes sich befindliche; denn der Mond galt als die Grenzscheide zwischen der niederen und der höheren Welt. „Beim Monde beginnt auch im Himmlischen die Reihenfolge der Dinge, welche *Plato* die goldene Kette nennt, durch welche ein jedes Ding, eine jede mit einer anderen verbundene Ursache von einer höheren abhängt, bis man zu der

Seite 146

höchsten Ursache von allem gelangt, von der alle Dinge abhängen."[94] Aber mit dem Mond als Grenzscheide der Welten ist nicht der physische Himmelskörper gemeint, den wir als den Trabanten der Erde kennen, sondern die *lunare Sphäre*, die als die niederste der himmlischen Sphären gilt.

Was versteht Agrippa von Nettesheim nun unter Magie, und wie teilt er sie ein? Er sieht die Magie als die heiligste aller Wissenschaften, als die Universalwissenschaft des Okkulten, die dem Ersten Prinzip, dem Schöpfer oder dem Urgrund aller Dinge durch das Studium der Natur auf die Spur zu kommen versucht. „Die magische Wissenschaft, der so viele Kräfte zu Gebot stehen, und die eine Fülle der erhabensten Mysterien besitzt, umfasst die tiefste Bedeutung der verborgensten Dinge, das Wesen, die Macht, die Beschaffenheit, den Stoff, die Kraft und die Kenntnis der ganzen Natur. Sie lehrt uns die Verschiedenheit und die Übereinstimmung der Dinge kennen. Daraus folgen ihre wunderbaren Wirkungen; indem sie die verschiedenen Kräfte miteinander vereinigt und überall das entsprechende Untere mit den Gaben des Oberen verbindet und vermählt. Die Wissenschaft ist daher die vollkommenste und höchste, sie ist eine erhabene und heilige Philosophie, ja sie ist die absolute Vollendung der edelsten Philosophie. Jede regelmäßige Philosophie wird in Physik, Mathematik und Theologie geteilt."[95]

Gemäß der Dreiteilung der Welt, nämlich in die elementarische, himmlische und geistige Welt, muss es auch drei Arten der Magie geben – die *natürliche*, die *himmlische* und die *theurgische* Magie. Die natürliche Magie befasst sich mit den vier Elementen, ihrer Natur, Eigenart und gegenseitiger Vermischung; die himmlische Magie befasst sich mit den beseelten Himmelskörpern und der Weltseele als dem *Primum mobile*, dem All-Bewegenden; sie wird auch die *Quintessenz* genannt, da sie als die fünfte geheime Essenz allen vier grobstofflichen Elementen zugrunde legt. Die theurgische Magie schließlich befasst sich mit den Archetypen als den Urbildern allen Seins und den göttlichen Intelligenzen, die sie durch Rituale und Evokationen herbeizurufen sucht. Denn im Gesamtbau der Schöpfung wirkt alles von oben nach unten, von den Archetypen auf die Weltseele und von der Weltseele auf die niederen, elementarischen Dinge. Alle Dinge in dieser großen Stufenleiter des Seins sind als Glieder in einer *Goldenen Kette des Seins* aufgereiht.

Giordano Bruno (1548–1600), der Renaissance-Philosoph, übernahm die Vorstellung von einer Großen Kette des Seins, die vom göttlichen All-Einen bis zur Natur herabreicht; in seinem berühmten Dialog *Von der Ursache, vom Prinzip und vom Einen* lässt er den Theophilo sagen: „Zunächst also wünsche ich Euch darauf hinzuweisen, dass es nur eine und dieselbe Stufenleiter ist, auf der die Natur bis zur Hervorbringung der Dinge herabsteigt und die Vernunft bis zu deren Erkenntnis aufsteigt, dass beide von der Einheit zur Einheit hinschreiten, indem sie durch die Vielheit der Mittelglieder hindurchgehen".[96] Dieselbe Stufenleiter findet man in dem hermetischen Dialog *Asclepius* dargestellt: *„Und da sich dies so verhält, sind alle Dinge mit einer Kette verbunden, die sich vom Niedrigsten bis zum Höchsten erstreckt, sodass sie nicht als Vieles gesehen werden, sondern viel eher als Eines."*[97]

Seite 148

Stanze 10

Daher wird von dir fliehen jegliche Finsternis.

Der eingeweihte Arkanen-Schüler der Alchemie und Hermetik wird den „Ruhm der ganzen Welt" haben, weil er sich von den Beschränkungen der materiellen Stoffwelt befreit hat. Er hat den Ruhm der *ganzen* Welt, des Mikrokosmos und des Makrokosmos gleichermaßen, da er an beiden Welten teilhat. Von ihm wird „fliehen jegliche Finsternis", denn er ging den Weg zurück in die verlorene geistige Lichtheimat. Was aber ist mit „Finsternis" gemeint?

Abyssus – der finstere Abgrund

Die Antwort hierauf liegt wie immer im *Corpus Hermeticum* beschlossen, insbesondere im Dialog *Poimandres*, der die hermetische Kosmogenesis *in nuce* darstellt. Daher empfiehlt der Alchemist Zosimos von Panopolis (* ca. 350; † ca. 420) in seinen Briefen an Schwester Theosebia die Lektüre von zwei hermetischen Schriften als Wegweiser zur individuellen Vollkommenheit, den Dialog *Poimandres* und *Krater*, den Mischkrug des Hermes: „Und während du dich stets verbesserst, rufe die Gottheit zu dir, und sie wird kommen, sie, die überall und nirgends ist [...] Und dann, wenn du bemerkst, dass du vollkommen werdest und du die natürlichen Tinkturen gewonnen hast [...] nimm deine Zuflucht zu Poimandres und, nachdem du die Taufe des Krater empfangen hast, eile weiter."[98]

Der Poimandres ist ein großartiger Visionstext, der ausführlich schildert, wie Hermes Trismegistos, damals noch ein Adept des Wissens, durch den Weltgeist Poimandres (übersetzt: der Menschenhirt) in alle Schöpfungsgeheimnisse eingeführt wird. Die Finsternis im Abgrund ist ein kosmogonisches Urprinzip. Sie steht am Anfang allen Weltwerdens. Eine formlose Urmaterie war diese Finsternis, und sie war präsent in der ersten Schöpfungsstunde, noch bevor das Licht, das schöpferische Urlicht, in Erscheinung trat. Hermes Trismegistos berichtet über seine Vision folgendermaßen:

„Nachdem er [Poimandres] solches gesprochen hatte, verwandelten sich alle Dinge vor mir in ihrer Gestalt, und sie wurden mir plötzlich allesamt eröffnet. Ich bekam eine grenzenlose Schau, indem sich Alles in Licht verwandelte, in ein mildes und freudevolles Licht, und ich bewunderte den Anblick. Kurz darauf war in einem Teil eine herabziehende Finsternis aufgekommen, furchterregend und grimmig. Und daraufhin sah ich, wie die Finsternis sich in eine wässrige Substanz verwandelte, die unsagbar hin- und her geschüttelt wurde und dabei Rauch von sich gab wie Feuer; und ich hörte, wie sie einen unbeschreiblichen Klagelaut von sich gab, einen unartikulierten Schrei."[99]

Die uranfängliche „Finsternis im Abgrund", die dem eigentlichen Schöpfungsgeschehen vorausgeht, wird in allen Weltschöpfungsmythen erwähnt. In dem berühmten Weltschöpfungslied des altindischen *Rigveda* heißt es: „Von Dunkel war die Welt bedeckt, ein Ozean ohne Licht, in Nacht verloren".

Seite 150

Übereinstimmend damit auch der biblische Schöpfungsbericht in Mose 1/2: „Und es war finster auf der Tiefe". Das *Buch Dzyan*, das die Grundlage der *Geheimlehre* bildet, sagt: „Dunkelheit erfüllte das unendliche All, denn Vater, Mutter und Sohn waren wieder einmal Eins, und der Sohn war noch nicht erwacht für das neue Rad und seine Wanderung auf demselben" (Stanze 1/5).

Die Finsternis ist jene tiefdunkle Welten-Nacht, die vor dem Beginn jeder Schöpfung bestand; aus ihr wird später die *prima materia* oder Urmaterie hervorgehen. Auch später ist noch von der Finsternis im Abgrund die Rede. Die „wässrige Substanz" ist die ungeformte, gestaltlose Urmaterie, das Rohmaterial für alle späteren Schöpfungen: die Elemente sind hier noch ungeschieden und ununterscheidbar enthalten. Alles Geschaffene ist in diesem Urwasser *in statu nascendi* beschlossen; daher auch der unartikulierte Schrei, in dem sich die Stimmen aller späteren Wesen miteinander vermischen.

Das „gestaltlose Wasser" ist das Urmeer, das alle später geschaffenen Wesen in sich trägt. Auch das Urmeer wird in den Schöpfungsmythen übereinstimmend erwähnt. Man nehme etwa die ägyptische Kosmogonie von Memphis (*Papyrus Harris*): „Am Anfang war nur das große, unbewegte und unendliche Weltmeer, ohne Leben, aber voller Stille. Noch gab es kein Oben und kein Unten, kein Vorne und kein Hinten, weder Osten noch Westen, weder Norden noch Süden. Noch waren Helligkeit und Dunkelheit nicht getrennt und Licht und Dunkel nicht hervorgekommen. In den Anfang aber trat Ptah." Und in dieses ursprüngliche Welten-Chaos hinein kommt dann ein „Lufthauch intelligenten Geistes", der *Logos*, das *fiat lux* („Es werde Licht!"), der am Beginn des Weltwerdens steht. In der hermetischen Philosophie spielt der Logos als weltenerschaffende Macht eine entscheidende Rolle.

Auf die Frage, warum die Unwissenden den Tod erleiden, wird geantwortet: „Weil der Ursprung des materiellen Körpers jene grimme Finsternis ist, welche die wässrige Substanz hervorbrachte, aus der die Körper der Sinnenwelt geformt sind und woraus der Drang zum Tode kommt." Das heißt, dass die „grimme Finsternis" allen materiellen Körper-Bildungen zugrunde liegt; sie ist damit die Grundlage jener materiellen Wandelwelt, die auf dem Zyklus von Geburt und Tod beruht. Der eingeweihte Arkanen-Schüler der Hermetik hat jedoch genau diese irdische, wandelbare, unglücksbehaftete Welt des ewigen Stirb und Werde überwunden; und deshalb wird von ihm *„fliehen jegliche Finsternis"*.

Der Weg der Befreiung geht von der Finsternis zum Licht; und so lautet das zentrale Gebet der altindischen *Brihad-Aranyaka-Upanishad*:

ॐ असतोमा सद्गमय ।

तमसोमा ज्योतिर् गमय ।

मृत्योर्मामृतं गमय ॥

ॐ शान्ति शान्ति शान्तिः ॥

oṁ asato mā sad gamaya
tamaso mā jyotir gamaya
mṛtyor mā amṛtaṁ gamaya
oṁ śānti śānti śāntiḥ 1.3.28

Aus dem Nichtseienden führe mich zum Seienden;
Aus der Finsternis führe mich zum Licht;
Aus dem Tod führe mich zur Unsterblichkeit.
Om Friede, Friede, Friede.

Stanze 11

Das ist aller Stärke Stärke, weil sie jede subtile Sache besiegt und jede feste durchdringt.

Der Mensch ist deshalb die größte Stärke, die „Stärke aller Stärke", weil er den *Stein der Weisen* besitzt, der alles Subtile beherrscht und alles Feste durchdringt – eben den Stein der Weisen, der als ein Seelenvermögen in ihm selbst ruht: denn der Mensch selbst ist der Stein der Weisen! Nicht jeder beliebige Mensch, sondern der zur seiner wahren Gotteskindschaft erwachte Mensch. Der Stein der Weisen ist aber nicht eine von Natur aus im Menschen vorhandene Seelenanlage. Er stellt vielmehr eine Errungenschaft dar, das *Große Werk* einer esoterisch verstandenen Alchemie – die Neuerschaffung des Menschen durch ihn selbst, die geistige Wiedergeburt.

Das Mysterium der Wiedergeburt

Der Abschnitt über das Mysterium der Wiedergeburt stellt ohne Zweifel einen der Höhepunkte des ganzen *Corpus Hermeticum* dar. Es handelt sich nach der ursprünglichen Einteilung um das 13. Buch mit dem Titel *Eine Geheimrede des Hermes Trismegistos an seinen Sohn Tat: Über die Wiedergeburt*. Der Begriff Geheimrede (im griech. Original *logos apokryphos*) deutet an, dass es hier um die innersten und zentralsten Mysterien der Hermetik geht. In der Alethophilo-Übersetzung des *Corpus Hermeticum* (1706) heißt dieses Kapitel *Hermetis Trismegisti an seinen Sohn. Die Verborgene Rede auf dem Berge von der Wiedergeburt und Überlegung des Stillschweigens*. Der Zusatz „auf dem Berge" gibt zu erkennen, dass diese Einweihungsrede auch an einem symbolischen Ort stattfindet. Man befindet sich im übertragenen Sinne „auf dem Gipfelpunkt" und somit weit erhoben über die Sphäre der anderen Menschen. Ähnlich wie Hermes hat auch Christus seine letzte Einweihungsrede „auf dem Ölberg", einem realen ebenso wie symbolischen Ort, gehalten.

„Tat: In deinen Allgemeinen Reden, oh Vater, sprachst du in Rätseln, und du legtest ihre Bedeutung auch nicht offen, als wir über die Göttlichkeit des Menschen sprachen. Du sagtest, niemand könne erlöst werden, wenn er nicht wiedergeboren werde; aber du hast mir nicht zu erkennen gegeben, was du damit meintest."[100]

Man vergleiche damit die Aussage des Christus im Gespräch mit Nikodemus, wie es im Johannes-Evangelium berichtet wird; „Wahrlich, wahrlich, ich sage dir: Es sei denn, dass jemand von neuem geboren werde, so kann er das Reich Gottes nicht sehen" (Joh. 3,3). Um einem möglichen Missverständnis vorzubeugen, sei gesagt, dass mit Wiedergeburt *nicht* ein künftiges Geborenwerden in einem physischen Körper gemeint ist, also keine neue Reinkarnation. Im Gespräch des Hermes mit Tat geht es ebenso wie in dem zwischen Christus und Nikodemus um die *Wiedergeburt im Geiste*. So heißt es etwa: „Wundere dich nicht, dass ich dir gesagt habe: ihr müsst von neuem geboren werden. Der Wind bläst, wo er will, und du hörst sein Sausen wohl; aber du weißt nicht, woher er kommt und wohin er fährt. So ist es bei jedem, der *aus dem Geist geboren* wird (Joh. 3,7–8).

„Tat: Und was für eine Art Mensch ist derjenige, der durch die Wiedergeburt erneuert wurde? – Hermes: Wer durch diese Geburt hindurchgeht, ist danach ein gänzlich anderer; er ist ein Gott und ein Sohn Gottes gleichermaßen. Er ist das All und auch in Allem; denn er hat keinen Anteil mehr an körperlicher Substanz; vielmehr hat er Anteil an der Substanz des Geistigen, und er ist vollständig aus göttlichen Energien zusammengesetzt.“[101]

Ein im Geist Wiedergeborener ist demnach ein *Sohn Gottes*, wie auch Jesus Christus. Man sieht hier, dass der Ausdruck Sohn Gottes auch in den heidnischen Mysterien üblich war. Genau dies aber bedeutet Wiedergeburt: Hermes Trismegistos ist (durch die Gnade Gottes, wie er sagt) aus seinem physischen Körper hinaus- und in einen unsterblichen Logos-Körper hineingeboren worden. Er besitzt also nun einen spirituellen Geistkörper, der ihn über alle Beschränkungen dieser relativen Welt von Raum, Zeit und Materie erhebt:

„Ich sehe, dass durch die Gnade Gottes eine nichtmaterielle Gestalt in mich hineingekommen ist; und ich bin aus mir herausgegangen und bin in einen unsterblichen Körper eingetreten. Ich bin nun nicht mehr der Mensch, der ich einmal war; denn ich bin wiedergeboren im Geiste; und die Körpergestalt, die ich vorher hatte, ist verschwunden. Ich bin nicht länger mehr ein Objekt, das Farben hat, das betastet werden kann, das räumliche Dimensionen hat; ich bin all diesem fern, und auch allem, was du wahrnimmst, wenn du mit körperlichen Sinnen schaust."[102]

An dieser Stelle nimmt das Gespräch auf dem Berg eine neue Wendung, denn nun wird Tat selbst dem Prozess der Wiedergeburt unterzogen. In den folgenden Abschnitten erleben wir seine Einweihung in das zentrale Mysterium der Hermetik, das der Geburt eines Logos-Körpers. Die Einweihung beginnt mit der Reinigung seines Astralkörpers, indem die zwölf astralen, durch die Tierkreiszeichen eingeprägten Untugenden aus seiner Seele hinausgetrieben werden. Dies geschieht dadurch, dass Hermes Trismegistos mit seinen kraftvollen Invokationen die entgegengesetzten Tugenden des Logos auf den Plan ruft:

„Freue Dich, mein Sohn, denn Du wirst nun gereinigt werden durch die Energien Gottes; diese sind gekommen, um in Dir einen unsterblichen Logos-Körper zu erbilden. Das Gottes-Wissen – Gnosis – ist zu uns gekommen; und mit seinem Kommen ist Unwissenheit vertrieben.

Die Freude ist zu uns gekommen; und mit ihrem Kommen – mein Sohn – wird der Gram von uns hinwegfliehen, um in jene einzugehen, die Raum für ihn bieten.

Und nach der Freude rufe ich die dritte Energie herbei, die Mäßigung. Oh reinste aller Energien! Lass sie uns mit Freuden aufnehmen, mein Sohn; und just mit ihrer Ankunft hat sie die Unmäßigkeit hinweggefegt!

Und nun rufe ich die vierte Energie herbei, die Ausdauer, den Widerpart zur Begierde. (....) Und dies, mein Sohn, ist der Richterstuhl, auf dem die Gerechtigkeit thront. Sieh nur, wie sie die Ungerechtigkeit hinausgetrieben hat; wir sind nun gerecht, ohne gerichtet worden zu sein, denn Ungerechtigkeit ist nicht mehr länger hier!

Als sechste Energie rufe ich zu uns die Selbstlosigkeit, den Widerpart zur Habsucht. Und nachdem die Habsucht gegangen ist (....). Als siebente rufe ich die Wahrheit an. Hebe dich hinweg, Betrug! Denn Wahrheit ist hier!

Siehe nun, mein Sohn, wie mit dem Kommen der Wahrheit das Gute vollzählig ist; denn der Neid ist von uns gegangen und die anderen Plagen auch.

Ja, die Wahrheit ist zu uns gekommen, und das Gute ist ihr auf dem Fuße gefolgt; zusammen mit dem Licht und dem Leben. Nicht länger werden die Plagen der Dunkelheit auf uns kommen; denn sie sind hinweggeflogen mit eilenden Flügeln! Auf diese Weise, mein Sohn, wurde die Geistwesenheit in uns erbildet; und durch seine Herbeikunft sind wir zu Göttern geworden. Wer immer durch Gottes Gnade diese göttliche Geburt erlangt hat, bedarf der körperlichen Sinne nicht mehr; er weiß sich vielmehr aus den Energien Gottes zusammengesetzt, und dieses Wissen erfüllt ihn mit Freude."[103]

Tat, als ein im Geiste Wiedergeborener, ist so sehr befreit von allen Beschränkungen der dreidimensionalen Welt von Raum, Zeit und Materie, dass er sich mit dem ganzen All geeint weiß. Er ist ein Gott-Geeinter und All-Geeinter, der sich selbst in allen Lebewesen zu erkennen vermag.

Dies entspricht der mystischen Erfahrung der Einswerdung, und es verwundert nicht, dass dieselbe Erfahrung auch in den heiligen Schriften der Brahmanen – den Upanishaden – ausgesprochen wird. In der *Brihad-Aranyaka-Upanishad* etwa heißt es: „Nur das Brahman war hier am Anfang. Dies erkannte nur sich selbst: ‚Ich bin das Brahman'. Darum wurde es zur ganzen Welt. (....) Und darum wird auch jetzt der, der so weiß: ‚Ich bin das Brahman' zur ganzen Welt."[104]

Und die *Isha-Upanishad* sagt: „Wer im Selbst alle Wesen wahrnimmt und sein Selbst in allen Wesen, hegt keinen Zweifel mehr."[105] Man sieht hier: Die Hermetik des Westens und die altindische Weisheit der Upanishaden werden aus derselben Quelle mystischer Erfahrung gespeist!

„Tat: Vater, Gott hat mich als ein neues Wesen erschaffen, und ich nehme nun Dinge wahr nicht mehr durch das körperliche Sehvermögen, sondern allein durch die Kraft des Geistes. (....) Vater, nun da ich mit den Augen des Geistes sehen kann, sehe ich mich als das All. Ich bin im Himmel und auf der Erde, im Wasser und in der Luft, in Tieren und in Pflanzen; ich bin ein Kind im Mutterleib, ein noch nicht empfangenes und ein schon geborenes Kind; ich bin überall anwesend. – Hermes: Nun, mein Sohn, weißt Du, was ‚Wiedergeburt' ist."[106] Wiedergeburt ist die Geburt des Logos-Menschen und somit die Gottwerdung. Der im Geiste Wiedergeborene ist ein mit dem All Geeinter, der nur dem äußeren Schein nach in einem irdischen Körper weilt, in Wahrheit aber den Göttern in jeder Hinsicht gleichgestellt ist. Ein solcher „Sohn Gottes" wird wie Empedokles von sich sagen können:

> Nicht mehr bin ich ein Sterblicher euch,
> ein unsterblicher Gott jetzt
> Wandr' ich umher verehrt von jedermann,
> wie sich's gebührt.[107]

Seite 158

Am Schluss findet sich dann noch folgende Bemerkung: „Diese Rede über die Wiedergeburt habe ich nur für mich schriftlich niedergelegt, damit es diejenigen lesen mögen, von denen Gott will, dass sie es erfahren sollen; sie ist jedoch nicht für die Vielen gedacht, damit wir nicht zu den Übeltätern des Universums gerechnet werden mögen."[108] Dieser Zusatz kann nur von jemandem stammen, der die Rede über die Wiedergeburt selbst gehört hat. Aber der Schreiber ist sich wohl bewusst, dass es sich hier um heiliges Einweihungswissen handelt; er versucht auch, sich an das übliche Schweigegebot der Mysterien zu halten, indem er sagt, diese Schrift sei nicht für die Vielen, sondern nur für die Wenigen bestimmt, die nach Gottes Willen mit ihr bekannt werden sollen. Die Schrift wendet sich also ausdrücklich an einen exklusiven Kreis („Esoteriker" im Sinne von „innerer Kreis").

Tat twam asi – das bist Du!

Der Gott-Geeinte, der hermetische All-Mensch, das ist die in Stanze 11 der Tabula Smaragdina angesprochene „Stärke", die „jede subtile Sache besiegt und jede feste durchdringt".

Der All-Geeinte ist der All-Durchdringende. Das entspricht in der altindischen Religionsphilosophie dem Wahrwort *Tat twam asi* – das bist Du!

Wir finden es dargestellt in der *Chandogya-Upanishad*, wo berichtet wird, wie der Brahmane Aruni seinen Sohn Svetaketu in Gleichnissen über den Urgrund der Welt belehrt. Da lesen wir folgendes: „Uddalaka Aruni belehrte seinen Sohn Svetaketu. ‚Bringe mir eine Frucht von dem Feigenbaum dort.' ‚Hier ist sie, Erhabener.' ‚Spalte sie.' ‚Sie ist gespal-

ten, Erhabener.' ‚Was siehst du dort?' ‚Diese fast
atomgroßen Kerne.' ‚Spalte einen von diesen.' ‚Er ist
gespalten, Erhabener.' ‚Was siehst du darin?' ‚Gar
nichts, Erhabener.' Da sagte (der Vater) weiter zu
ihm: ‚Dieses ganz Feine, das du nicht mehr wahrnimmst, mein Lieber, aus diesem (erwachsen) steht
der große Feigenbaum da. Glaube mir, mein Lieber,
aus diesem Feinen besteht die ganze Welt. Das ist
das Wahre, dies ist der atman, *das bist du* (tat twam
asi), o Svetaketu.'"[109]

Das *Tat twam asi* ist das Grund-Mantra des kosmischen Bewusstseins. Der Dichter Hölderlin hat es
einmal so ausgedrückt: „Eines zu sein mit allem,
was lebt, in seliger Selbstvergessenheit wiederzu-
kehren ins All der Natur, das ist der Gipfel der Gedanken und der Freuden, das ist die heilige Berges-
höhe, der Ort der ewigen Ruhe, wo der Mittag seine
Schwüle und der Donner seine Stimme verliert und
das kochende Meer der Woge des Kornfelds
gleicht."[110] Es bedeutet das Gefühl der All-Einheit
als höchsten Grad der Erleuchtung, das Eins-Sein
mit allem Lebendigen.

Stanze 12

So ist die Welt erschaffen.

Wenn William Q. Judge (1851–1896) von der Theosophie sagt, sie sei „kein von Menschen erfundener oder formulierter Glaube und kein Dogma, sondern (....) die Kenntnis von den Gesetzen, welche die Evolution der physischen, astralen, psychischen und intellektuellen Bestandteile der Natur und des Menschen regieren"[111], dann gilt dies in gleicher Weise von der hermetischen Philosophie.

Diese stellt ein System umfassenden Schöpfungswissens dar; sie gewährt dem nach Welterkenntnis Strebenden Einblick in jene geistigen Schöpfungsgesetze, die das All durchwalten und das Menschenschicksal mit dem Leben des Kosmos verbinden. Allen Naturgesetzen, allen physikalischen Gesetzen zumal, liegen geistige Schöpfungsgesetze zugrunde. Der Mensch steht schicksalhaft im Ganzen des Lebenszusammenhanges, aus dem er sich nicht eigenmächtig herauslösen kann, denn dann würde er selbst dabei zugrunde gehen.

Der Mensch ist also keineswegs autonom, sondern er untersteht sowohl der unwandelbaren Naturordnung mit ihren Gesetzen als auch der Ordnung der geistigen Gesetze. Seine rechtverstandene Freiheit besteht einzig und allein in der möglichst freiwilligen Ein- und Unterordnung unter die Gesetze des Universums. Aber erst wenn der Mensch wahres Schöpfungswissen besitzt, ist seine Unterordnung unter das Weltgesetz, seine Einordnung in den Rhythmus des Lebensganzen, eine wirklich freiwillige. *Hermetik ist Schöpfungswissen!* Unter Schöpfungswissen verstehen wir ein Wissen, das durchaus den heutigen Stand der Naturwissenschaften beinhaltet, zugleich aber über alle Wissenschaft himmelweit hinausgeht. Denn es umfasst auch ein Wissen um die letzten Welturgründe, die unbedingt geistiger Natur sind.

Erkennen soll der Mensch also, was „die Welt im Innersten zusammenhält", und dazu verhilft ihm keine bloß akademische Schulweisheit, kein noch so ausgeklügeltes Verstandesdenken, auch keine Sektenmeinung, sondern nur echtes Geisteswissen, das aus dem Urquell des Göttlichen kommt.

Stanze 13

Daher stammen die wundersamen Anpassungen, deren Maß dieses ist.

Die *wundersamen Anpassungen* sind die Schöpfungs-Vorgänge, die Prozesse des Hervorgehens aus dem Einen; und wenn es heißt *deren Maß dieses ist*, so ist das Maß der Mensch selbst, insofern er am Schöpfungsprozess teilhat.

Statt Anpassungen kann man auch sagen: Emanationen. Alles ist durch Emanation aus dem All-Einen hervorgegangen; und dorthin wird es dereinst wieder zurückkehren.

Der Weltprozess in seiner Gesamtheit ist letztlich ein Prozess der stufenweisen Selbstverwirklichung und Bewusstwerdung Gottes, der mit der Menschwerdung des Menschen einhergeht und mit der Rückkehr des Göttlichen zu sich selbst, zu seinem eigenen Ursprung, seinen endgültigen Abschluss erreicht haben wird. Rückkehr des Göttlichen zu sich selbst bedeutet Rückkehr zur Einheit. Somit steht Einheit am Anfang wie am Ende des Weltprozesses – am Anfang die Einheit des Ursprungs; am Ende die wiedergewonnene Einheit von Gott und Welt, die Wiederholung des Ursprungs auf einer höheren Ebene!

Das All-Eine ist somit das *Alpha* und *Omega*, der Angelpunkt der Schöpfung, Anfang und Ende des Weltprozesses zugleich. Dies ist mit der christlichen Vorstellung einer *creatio ex nihilo*, einer Erschaffung der Welt „aus dem Nichts", unvereinbar. Und die

Vorstellung eines *über* der Welt thronenden persönlichen Schöpfergottes steht im Widerspruch zum Gedanken der Einheit allen Seins; deshalb glauben wir eher an die göttliche Immanenz des All-Einen im Weltganzen und sagen mit den Worten des Dichters J. W. Goethe:

> Was wär ein Gott, der nur von außen stieße,
> Im Kreis das All am Finger laufen ließe!
> Ihm ziehmt's, die Welt im Innern zu bewegen,
> Natur in Sich, Sich in Natur zu hegen,
> So dass, was in Ihm lebt und webt und ist,
> Nie Seine Kraft, nie Seinen Geist vermisst. [112]

In der Hermetik gibt es keine Erschaffung aus dem Nichts, sondern nur eine ewige Schöpfung, die sich selbst erschafft als eine Selbstäußerung Gottes, und die sich im zyklischen Entwicklungsprozess stufenweise ein immer höheres Bewusstsein ihrer selbst erringt. Es ist in der Tat so, wie es Schelling schon im Jahre 1810 andeutete: „Wir können nun zum voraus sagen, dass eigentlich der ganze Prozess der Weltschöpfung (…) nichts anderes als der Prozess der vollendeten Bewusstwerdung, der vollendeten Personalisierung Gottes ist."[113]

Seite 164

Stanze 14

Deswegen heiße ich der dreimalgroße Hermes, der ich habe drei Teile der Philosophie der ganzen Welt.

Marsilio Ficino, der spätere Übersetzer des *Corpus Hermeticum* ins Lateinische, war der Meinung, der Beiname *Trismegistos* (d. h. der dreimal Größte) rühre daher, dass der ägyptische Hermes zugleich der Größte der Philosophen, der Priester und der Könige gewesen sei. Nun geht die Geistgestalt des Hermes Trismegistos auf den ägyptischen Urgott Thot zurück. Der Beiname des Gottes Thot, Dreimalgrößter, findet sich erstmals in einer Notiz des Priesters Hor aus der Zeit des Königs Ptolemaios IV. (221–204 v. Chr.). Die erste ausdrückliche Gleichsetzung von Thot und Hermes findet sich bei Manetho, einem ägyptischen Priester aus dem 3. Jahrhundert v. Chr. zu Beginn der hellenistischen Ära in Ägypten.

Wer war Hermes Trismegstos?

Die frühesten Belege für die Existenz einer gnostischen Geheimlehre des Hermes Trismegistos finden sich erst in der Literatur der Kirchenväter, so bei Cyrill, Athenagoras, Tertullian, Laktanz und bei dem einflussreichsten Kirchenlehrer der ausgehenden Antike, Augustinus (354–430). Sie alle kennen einen in Dialogform abgefassten Corpus von hermetischen Schriften, aus dem sie Bruchstücke zitieren; Augustinus geht indessen noch weiter, indem er uns einen mythischen Stammbaum des Hermes Trismegistos mitteilt, der Rückschlüsse auf seine historische Existenz erlaubt. In seinem Hauptwerk *Der Gottesstaat* schreibt Augustinus:

„Denn was jene Philosophie betrifft, die angibt, etwas zu lehren, wodurch die Menschen selig werden [die hermetische Philosophie], so wurden ihre Studien in jenen Ländern [Ägypten] erst ungefähr zur Zeit des Mercurius, den sie Hermes Trismegistos nannten, berühmt. Das war zwar lange vor den Weisen oder Philosophen Griechenlands, aber doch nach Abraham, Isaak, Jakob und Joseph, ja sogar später als Moses. Denn man hat ermittelt, dass zur Zeit der Geburt Mosis Atlas gelebt hat, der Bruder des Prometheus und mütterlicher Großvater des älteren Mercurius, dessen Enkel jener Mercurius [Hermes] Trismegistos gewesen ist."[114]

Hier haben wir zunächst einmal zwei Hermes, einen älteren und einen jüngeren; letzter ist der Enkel des älteren und zugleich der Begründer der hermetischen Philosophie. In seinem Dialog *Asclepius* sagt der Dreimalgrößte Hermes selbst, dass er einen Großvater habe, der auch Hermes hieß. Und dessen Großvater soll Atlas gewesen sein! Hier freilich geht der Stammbaum ins Mythische über; die Menschen erscheinen als mit den Göttern verschwistert, indem sie von diesen abstammen. Atlas galt bei den Griechen als der Sohn des Titanen Japetos und der Okeanide Klymene, auch als Bruder des Prometheus, und er hatte die Aufgabe, das Himmelsgewölbe zu stützen.

Seite 166

Die Alten sahen in diesem Atlas bald die Personifizierung der Weltensäule, bald den legendären König von Atlantis, nach dem Bericht Platons, bald den großen Astronomen, Mathematiker und Philosophen. Seine zahlreichen Töchter teilen sich in drei Gruppen: die Plejaden, die Hyaden und die Hesperiden. Zu den Töchtern des Atlas gehört auch Maia („Mutter"), die Mutter des Götterboten Hermes, dessen Vater Zeus ist. Anfänglich war Maia nur eine lokale Spielart der Muttergottheit, dann die erste der Nymphen des arkadischen Kyllene-Gebirges, in dessen Höhle sie ihren Sohn Hermes empfing und gebar. Indes lässt der Hermes-Mythos die Gestalt der Maia wenig hervortreten; Züge einer Schatzhüterin sind ihr wohl erhalten geblieben. Seit Hesiod und Simonides wurde die Berggöttin Maia unter die Plejaden eingereiht. Wir können nun folgenden Stammbaum aufstellen: Maia & Zeus → Hermes der Ältere → Hermes Trismegistos

Somit steht Hermes Trismegistos in einer illustren Ahnenreihe, die bis auf Atlas, den himmelstützenden Titanen, zurückgeht. Und nun sagt Augustinus, dass eben dieser Atlas (oder vielleicht ein König gleichen Namens?) „zur Zeit der Geburt Mosis" gelebt habe. Das Wirken des Hermes Trismegistos in Ägypten glaubt er, wie wir gehört haben, „lange vor den Weisen oder Philosophen Griechenlands", aber „nach Abraham, Isaak, Jakob und Joseph, ja sogar später als Moses" ansetzen zu können. Diese Worte des Kirchenvaters beinhalten eine recht konkrete Zeitangabe: Die historische Lebenszeit des israelitischen Stammesführers Moses dürfte im Neuen Reich, wohl zwischen der 19. und 21. Dynastie liegen; der Auszug israelitischer Stämme aus Ägypten dürfte sich um 1250 v. Chr. zugetragen haben. Die „Philosophen Griechenlands" beginnen in der kleinasiatischen Landschaft Ionien ab ca. 600 v. Chr. öffentlich aufzutreten: von Thales (624–546), Anaximander (611–546) und Anaximenes (586–525) bis zu Pythagoras (580–500) und Heraklit (535–470).

Es bleibt also ein Zeitraum, der sich ganz grob zwischen 1250 und 600 v. Chr. aufspannt: hier könnte sich die Lebenszeit des Hermes Trismegistos abgespielt haben, falls er denn je mehr gewesen ist als eine bloße Legende. Er wäre sodann ein Zeitgenosse der israelitischen Könige Saul (um 1010), David (1006–969) und Salomo (966–926) gewesen, ein Zeitgenosse auch der Religionsstifter Konfuzius und Lao-Tse im Alten China. Er wäre der Zeuge einer Zeit gewesen, da im Industal die spätvedische Kultur, in Griechenland die mykenische Kultur sich ihrem Ende entgegenneigte. Einer Zeit auch, da in Hellas das Mysterienwesen noch in hoher Blüte stand: man denke etwa an das Orakel von Delphi, an die Kultstätten von Eleusis und Samothrake – lange vor dem Auftreten der ersten Philosophen, Jahrhunderte vor dem Weisen Solon (640–561), und noch mehr Jahrhunderte vor Pythagoras, Heraklit und Platon.

Die historische Lebenszeit des Hermes Trismegistos würde demnach in einen größeren Zeitraum hineinfallen, der sich in etwa zwischen dem 13. und dem 6. Jahrhundert v. Chr. aufspannt. Dieser Zeitabschnitt ist in der Geschichte Ägyptens politisch und kulturell eine Zeit des Niedergangs und des Verfalls gewesen. In der Spätzeit, von der 25. Dynastie an, ist Ägypten nur noch von Fremdvölkern beherrscht worden: ab 662 v. Chr. von dem Assyrerkönig Assurbanipal, ab 525 vom Perserkönig Kambyses, ab 332 von Alexander dem Großen und seinen Diadochen, ab 30 v. Chr. von den Römern.

Und diese Niedergangszeit ist von Hermes Trismegistos schon vorhergesehen worden, sagt er doch in der Schrift *Asclepius* eine Zeit voraus, „wo die Ägypter umsonst frommen Sinnes die Götter anbeten werden; und all unsere heilige Andacht wird nutzlos und unwirksam gefunden werden. Denn die Götter werden von der Erde zum Himmel zurückkehren; Ägypten wird dann verlassen sein; jenes Land, das einst die Heimstatt der Religion genannt wurde, wird leer zurückbleiben, der Anwesenheit der Götter beraubt. Fremde werden sodann dieses Land und diese Region anfüllen (....)."[115]

Wenn Thot-Hermes nun tatsächlich ein „Zeitgenosse des Moses" war, der den Niedergang Ägyptens in der Spätzeit voraussagte – wie passt es denn damit zusammen, dass die ihm zugeschriebenen Schriften, vor allem das *Corpus Hermeticum*, eindeutig aus einer hellenistisch geprägten spätantiken Zeit stammen? Sind sie nicht ganz zweifelsfrei ein Produkt der so genannten Alexandrinischen Schule, der auch Philon, Ammonios Sakkas und Plotin entstammen, aus der Zeit zwischen 250 und 350 n. Chr.? Klafft da nicht eine Lücke von mehr als einem Jahrtausend zwischen dem Leben des Hermes Trismegistos und seinen Schriften?

Gewiss, eine solche Lücke ist vorhanden, aber wäre es nicht denkbar, dass es mehrere Personen mit dem Namen Hermes gegeben hat, Ältere und Jüngere, Frühere und Spätere, Götter und Menschen? Vielleicht kann man Edouard Schuré beistimmen, der in seinem Buch *Die Großen Eingeweihten*

(1909) die Ansicht äußert, dass der Name Thot-Hermes eigentlich eine Sammelbezeichnung darstellt: „Hermes ist ein genereller Name wie Manu oder Buddha. Er bezeichnet zugleich einen Menschen, eine Kaste und einen Gott. Als Mensch ist Hermes der erste, große Eingeweihte Ägyptens; als Kaste ist er die Priesterschaft der okkulten Tradition; als Gott ist er der Planet Merkur, dessen Sphäre mit einer Kategorie von Geistern, von göttlichen Eingeweihten assimiliert ist."[116]

Wer war also dieser Thot-Hermes, der auch der Dreimalgrößte genannt wird, als historische Persönlichkeit? Wer war dieser Schöpfer einer gnostischen Geheimlehre, deren Wirkung sich auf das frühe Christentum, die jüdische Mystik, die Alchemie, die gesamte arabische Philosophie, Astronomie und Medizin erstreckte? War er überhaupt ein Mensch, oder nicht vielmehr ein Gott – oder ein aus eigener Kraft zu den Göttern Aufgestiegener? Lehrt nicht die Hermetik selbst, dass der Mensch ein seinem Ursprung nach göttliches Wesen ist, das sich aus Unwissenheit und Irrtum an diese Welt der Materie gekettet hat, aus der es sich aber durch echte Gott-Erkenntnis wieder befreien kann? Zeigt die Hermetik nicht einen Weg der Selbst-Gottwerdung?

In diesem Sinne schrieb auch Novalis, damit Wesen und Hauptziel der hermetischen Einweihung zusammenfassend: „Wir werden die Welt verstehn, wenn wir uns selbst verstehn, weil wir und sie integrante Hälften sind. Gotteskinder, göttliche Keime sind wir. Einst werden wir sein, was unser Vater ist."[117]

Seite 170

Stanze 15

Es ist vollendet, was ich vom Wirken der Sonne gesagt habe.

Der esoterische Sonnenweg

Ein Weg der spirituellen Bewusstwerdung, der zur Erkenntnis des Göttlichen im Kosmos und im eigenen Seeleninneren hinführt – das ist der uralte esoterische Sonnenweg. Es ist ein Geistespfad, der uns geradewegs zum Herzzentrum des Universums hinführt, das sich nicht irgendwo in der äußeren Welt befindet, sondern nur durch das Wesenszentrum unseres eigenen Herzens erreicht werden kann. Denn die Herzensmitte im eigenen Inneren ist zugleich die Weltenmitte oder zumindest der Weg dorthin. Demnach besteht der Sonnenweg nicht so sehr darin, die äußere Sonne am Himmelsfirmament zu betrachten, sondern vielmehr darin, selber Sonne zu werden, selber Lichtquelle zu sein, denn nur unsere innere Sonne – das Innere Licht – verbindet uns mit den geistigen Aspekten der äußeren Sonne und schließlich mit dem Wesenszentrum des Alls, der Gottheit selber in der höchsten Fülle ihres Seins. Nirgendwo kommt dieser Sachverhalt besser zum Ausdruck als bei Goethe:

> Wär' nicht das Auge sonnenhaft
> Wie könnten wir das Licht erblicken?
> Lebt' nicht in uns des Gottes eigne Kraft,
> Wie könnt' uns Göttliches entzücken?[118]

Dabei hatte Goethe mit diesen Zeilen nur einen Gedanken des antiken Philosophen Plotin nachgedichtet, der in Enneade I/6 über die intelligible Schönheit geschrieben hatte: „Man muss nämlich das Sehende dem Gesehenen verwandt und ähnlich machen, wenn man sich auf die Schau richtet; kein Auge könnte je die Sonne sehen, wäre es nicht sonnenhaft; so sieht auch keine Seele das Schöne, welche nicht schön geworden ist. Es werde einer also zuerst ganz gottähnlich und ganz schön, wer Gott und das Schöne schauen will."[119]

Dem liegt eine esoterische Zentral-Erkenntnis zugrunde: Gleiches kann nur von Gleichem erkannt werden; wir müssen selber sonnenhaft sein, wenn wir uns mit der Sonne als dem Lebensquell des Universums verbinden wollen.

Die Sonne besitzt in der Tat die Eigenschaften eines Spiegels. Die physische Sonne, die wir am äußeren Himmel wandeln sehen, gleicht einem gewaltigen Spiegel, in dem sich die Gestalt der obersten, geistigen, transzendentalen Sonne abbildet. Unser Auge wiederum ist selber Sonnenspiegel, weil es sonst das Licht des Tagesgestirns nicht in sich aufnehmen könnte. Unsere Seele schließlich, gereinigt und von allen irdischen Schlacken befreit, kann zu einem hellen, kristallklaren Spiegel werden, der das Bild der geistig-transzendentalen Sonne reflektiert. Hier gilt wahrhaftig der alte hermetische Satz „*Wie oben, so unten*", oder auch „*Wie im Himmel, so auf Erden*": Wie in der äußeren Welt alle Planeten sich um das Zentralgestirn Sonne gruppieren, so sind in der oberen Welt alle Geistesfunken auf einen zentralen Logos hin ausgerichtet, den sie umkreisen und als die Urquelle ihres eigenen Seins erkennen.

Seite 172

Meditation

Die Smaragdtafel des Thot-Hermes-Trismegistos, des Dreimal Größten

Wahr ist es und ganz gewiss; denn dies ist die transzendentale Wahrheit:

Das Universum entstand aus der Meditation des All-Einen.

Die oberen und die unteren Welten, Makrokosmos und Mikrokosmos, das Himmlische und das Irdische, entsprechen einander.

Der Stein der Weisen ist das Wunder des Menschen [Anthropos].

Und wie das All hervorging aus der Meditation des All-Einen, so ist alles Geschaffene hervorgegangen aus dem Wunder des Menschen.

Die oberen und die unteren Welten haben zusammengewirkt, um das Wunder des Menschen hervorzubringen.

Sonnenkräfte und Mondkräfte haben im Zusammenwirken die höheren und niederen Wesensglieder des Menschen hervorgebracht.

Der Weltenäther verlieh dem Menschen die im Ätherkörper beschlossene Lebenskraft.

Der Mensch ist der Gipfel aller Vollendung, wenn er inkarniert ist in der Erden-Stofflichkeit.

Trenne den subtilen Feuerleib vom dichten Erdenleib, sukzessiv fortschreitend und mit großer Geschicklichkeit.

Sodann wirst du von der Erde zum Himmel aufsteigen und vom Himmel auf die Erde herabsteigen; und dabei erlangst du die Kräfte der oberen und der unteren Welt.

So wirst du den Ruhm der *ganzen* Welt, des Mikrokosmos *und* des Makrokosmos, erlangen.

Und die Finsternis des *Abyssus*, des ursprünglichen Abgrunds, wird von dir fliehen.

Das ist die allergrößte Stärke, dass du als mit dem All Vereinter Alles durchdringst.

Denn dies sind die Emanationen, von denen Alles herkommt, und der Maßstab bist du selbst.

Dies ist der Schöpfungsprozess: vom All-Einen zum Vielen und von dort zum All-Einen zurück.

Und deshalb heiße ich Hermes Trismegistos, der Dreimal Größte, da ich die drei Teile der Philosophie des Mikrokosmos und Makrokosmos habe.

Es ist vollendet, was ich über den esoterischen Sonnenweg gesagt habe.

Der obige Text versteht sich weder als eine Übersetzung der Tabula Smaragdina noch als eine Interpretation derselben, sondern als eine *Meditation* über die 15 Stanzen dieses tiefgründigen Weisheitstextes, der alle Weltgeheimnisse in sich beschließt. Grundlage der Meditation ist eine Deutung dieses Weisheitstextes im Lichte des Corpus Hermeticum und seiner esoterischen Grundwahrheiten.

Seite 174

Literaturliste

Tabula Smaragdina Textausgaben

Didier Kahn (Hg.): *Hermes Trismegiste: La table d'émeraude et sa tradition alchimique*. Paris 1994. (Aux Sources de la Tradition.)

Carsten Colpe, Jens Holzhausen (Hrsg.): *Das Corpus Hermeticum Deutsch. Übersetzung, Darstellung und Kommentierung in drei Teilen:*

Bd. 1: *Die griechischen Traktate und der lateinische „Asclepius"*, übersetzt und eingeleitet von Jens Holzhausen, Stuttgart-Bad Cannstatt 1997 (Clavis Pansophiae, Bd. 7.1).

Bd. 2: *Exzerpte, Nag-Hammadi-Texte, Testimonien*, übersetzt und eingeleitet von Jens Holzhausen, Stuttgart-Bad Cannstatt 1997 (Clavis Pansophiae, Bd. 7.2),

Bd. 3: *Forschungsgeschichte und fortlaufender Kommentar. Mit einem Beitrag zum Hermetismus des 16. bis 18. Jahrhunderts von Wilhelm Kühlmann*, Stuttgart-Bad Cannstatt (Clavis Pansophiae, Bd. 7.3), *(Teilband bislang nicht erschienen)*

Sekundär-Literatur

Julius Ruska: *Tabula Smaragdina. Ein Beitrag zur Geschichte der hermetischen Literatur.* Heidelberg 1926. *(Grundlegendes wissenschaftliches Werk zur Tabula.)* *(Gekürzter Auszug: Der Schatz Alexanders*, basierend auf S. 73 ff.)

Michael Frensch: *Die Tabula Smaragdina. Eine hermetische Betrachtung.* In: Hermetika 4/1983, (17) 18–24; 5/1984, 11–20; 6/1984, 10–18.

Ulrike Seegers: *Transformatio energetica. Hermetische Kunst im 20. Jahrhundert. Von der Repräsentation zur*

Gegenwart der Hermetik im Werk von Antonin Artaud, Yves Klein und Sigmar Polke. Diss. Stuttgart 2002 (erschienen 2003). *(darin S. 37 –39 zur Tabula Smaragdina.)* Joachim Telle: Tabula Smaragdina, Verfasserlexikon, Band 9, 1995, Sp. 567–569.

Corpus Hermeticum

Ficinus 1471: Mercurii Trismegisti Liber de Potestate et Sapientia Dei, e Graeco in Latinum traductus a Marsilio Ficino, Tarvisii 1471.

Turnebus 1554: Mercurii Trismegisti Poemander, seu de potestate ac sapientia devina. Aesculapi definitiones ad Ammonem regem ... Parisiis, MD LIIII (= Paris 1554) apud Adr. Turnebum typographum regium.

Flussas 1574: Mercurii Trismegisti Pimandros utraque lingua restitutus, D. Francisci Flussatis Candallae industria... Burdigalae ... 1574.

Rossel 1585-90/ 1630: Pymander Mercurii Trisme-

gisti, Krakau 1585-90, Köln 1630.

Patrizzi 1591: ova de universis philosophia, libra quinquaginta comprehensa ... Hermetis Trismegisti libelli, et fragmenta, quocumque repeiuntur, ordine scientifico disposita Venetis (= Venedig) 1593.

Everard 1650: The divine Pymander of Hermes Trismegistus, in XVII books. Translated formerly out of the Arabick into Greek, and thence into Latine, and Dutch, and now out of the original into English: by that Learned Divine Doctor Everard, London 1650.

Alethophilo 1706: Hermetis Trismegisti Erkänntniß der Natur und des darin sich offenbarenden Grossen Gottes / Begriffen in 17 unterschiedlichen Büchern / nach Griechischen und Lateinischen Exemplaren in die Hochdeutsche Sprache übersetzt ... Verfertiget von Alethophilo, Hamburg 1706.

Tiedemann 1781: Hermes Trismegists Poemander

oder von der göttlichen Macht und Weisheit, aus dem Griechischen übersetzt ... von Dieterich Tiedemann. Berlin und Stettin ... 1781.

Arabische Hermetica

Reiske 1736: Hermetis Trismegisti, Philosophi Aegypti antiquissimi, Epistolam ad animam de fuga rerum mundanarum et studio coelestium e Cod. Ms. Arab. Clarissimi quondam Wagenseilii, qui in instructtissima Bibliotheka Magniff. Ampll. Senatus Lipsiensis exstat, latine vertit Jo. Jac. Reiske, Sorbigensis, Lipsiae (= Leipzig) mense Augusto 1736.

Fleischer 1870: An die menschliche Seele. Arabisch und Deutsch. Hrsgg. von Prof. Dr. H. L. Fleischer, Leipzig 1870.

Bardenhewer 1873: Hermeti Trismegisti qui apud Arabes fertur de castigatione animae libellum edidit, Latine vertit ... Otto Bardenhewer. Accedit Appendix in qua nonulla philosophiae Arabicae vocabula explicantur. Bonnae (Bonn) 1873.

Ullmann 1972: Die Natur- und Geheimwissenschaften im Islam, Leiden 1972.

Ullmann 1994: Das Schlangenbuch des Hermes Trismegistos, hg., übers. und eingel. von Manfred Ullmann, Wiesbaden 1994.

K. van Bladel 2009: The Arabic Hermes, Oxford 2009.

Pierre Lory 2006: Hermetic Literature III: Arab. In: Wouter J. Hanegraaff (Hg.): Dictionary of Gnosis and Western Esotericism, Leiden 2006, S. 529–533

Kurt Flasch 2011: Was ist Gott? Das Buch der 24 Philosophen

Zitatnachweis

[1] Thorwald Dethlefsen, *Schicksal als Chance*, München 1979, S. 30.
[2] Eliphas Levi, *Geschichte der Magie*, München 2001, S. 81.
[3] Klossowski de Rola, *Alchemie*, München 1974, S.21.

4 K. O. Schmidt, *In Dir ist das Licht*, München 1959, S. 39

5 Zt. nach B. Kircher / L. Levine, *Das Buch der Magier und Zauberer*, Köln 2008, S. 27-28.

6 Vgl. Julius Ruska, *Die Tabula Smaragdina*, Heidelberg 1926.

7 *Upanishaden – die Geheimlehre der Inder*, Köln 1977. S. 55.

8 Manfred Ehmer, *Das Corpus Hermeticum. Übersetzung und Kommentar*, 3. Aufl. Hamburg 2021 (Edition Theophanie Band 7), S. 137 ff. (im Folgenden zitiert: *Corpus Hermeticum*).

9 Ebenda, S. 146.

10 Alexander von Bernus, *Alchymie und Heilkunst*, Nürnberg 1948, S. 95,ff.

11 Jakob Burckhardt, *Die Kunst der Renaissance in Italien*, Herrsching 1981, S. 588.

12 Zt. nach Klossowski de Rola, *Alchemie – die geheime Kunst*, München / Zürich 1974, S. 8.

13 Gerhard Wehr, *Die Bruderschaft der Rosenkreuzer*, Köln 2007, S. 73,ff.

14 Zt. nach Erdogan Ercivan, *Das Sternentor der Pyramiden*, 3.Aufl. München /Essen 2000 S. 148.

15 J. Ruska, *Arabische Alchemisten*, Heidelberg 1924, S. 17.

16 Julius Evola, *Die Hermetische Tradition*, Interlaken 1989, S. 246.

17 Ebenda.

18 *Goethes Gedichte in zeitlicher Folge*, Frankfurt 1982, S. 842-43.

19 H. P. Blavatsky, *Isis entschleiert* II, Hannover 2000, S. 320.

20 *Kybalion*, Sauerlach 1997, S. 21.

21 *Corpus Hermeticum*. S. 220-21.

22 Ebenda, S. 169.

23 Rudolf Steiner GA 265, S. 361,ff.

24 Woldemar von Uxkull, *Eine Einweihung im alten Ägypten*. Berlin 1922.

25 Eliphas Levi, *Geschichte der Magie*, München 2001, S. 84-85.

26 Ebenda, S. 86.

27 Valentin Tomberg, *Meditationen über die Großen Arcana des Taro. 22 Briefe an den Unbekannten Freund*, Steinbergkirche-Neukirchen 2020, S. 262.

28 *Die Geheimlehre*, Bd.1, S. 130.

29 Walter Beltz, *Die Schiffe der Götter. Ägyptische Mythologie*, Berlin 1987, S. 97,f.

30 Platon, *Phaidros* 274 c-d.

31 Helena Petrowna Blavatsky, *Die Geheimlehre*, Den Haag o. J. Band 2, S. 447 (im Folgenden zitiert: *Die Geheimlehre*).

32 Ebenda, S. 455.

33 Zt. nach E. Ercivan, S. 248 ff.

34 Doreal, *Die Smaragdtafeln von Thoth dem Atlanter*, 6. Aufl. Dorfen 2022, S. 11.

35 H. P. Blavatsky, *Isis entschleiert I*, Hannover 2000, S. XXIV.

36 Helena Petrowna Blavatsky, *Die Geheimlehre*, Band 3, S. 30.

37 H. P. Blavatsky, *Grundlehren der esoterischen Philosophie*, herausgegeben von Ianthe H. Hoskins, Graz 1981, S. 105, ff.

38 Julius Evola, *Die Hermetische Tradition*, Interlaken 1989, S. 41-42.

39 *Corpus Hermeticum*, S. 219.

40 *Feurige Welt* II, § 16.

41 Novalis, *Im Einverständnis mit dem Geheimnis*, Freiburg 1980, S. 40.

42 *Feurige Welt* III, § 67.

43 *Die Geheimlehre*, Band 1, S. 291.

44 Zt. nach Paracelsus, *Mikrokosmos und Makrokosmos*, Wiesbaden 1994, S. 37 (Einleitung von Helmut Werner).

45 *Die Geheimlehre*, Band 1, S. 312.

46 Ebenda, Band 2, *Buch Dzyan* Stanze VII 27.

47 Wolfram von Eschenbach, *Parzival*, übertr. und hg. von Wolfgang Spiewock, Basel 1986, S. 361.

48 *Corpus Hermeticum*, S. 183-84.

49 Ebenda, S. 91-92.

50 Ebenda, S. 92-93.

51 Ebenda, S.

52 Ebenda, S. 156.

53 Ebenda, S. 160.

54 Pico della Mirandola, *Über die Würde des Menschen*, 3. Aufl. Zürich 1993, S. 10 ff.

55 *Die Geheimlehre*, S. 110–11.

56 *Kauschitaki-Upanishad* I, 2.

57 *Geheimlehre* III, 562, ff.

58 *Geheimlehre* II, 202.

59 Zt. nach Walter Heinrich, *Der Sonnenweg. Verklärung und Erlösung im Vedanta, bei Meister Eckhart und bei Schelling*, Interlaken 1985, S. 110.

60 Ebenda, S. 110-111.

[61] Annie Besant, *Uralte Weisheit*, Graz 1957, S. 45.

[62] *Die Geheimlehre*, S. 111.

[63] Alice Bailey, *Eine Abhandlung über kosmisches Feuer*, 3. Aufl. Genf 1992, S. 557,f.

[64] Ebenda, S. 558.

[65] Aus Hesiods Theogonie. Zt. nach Lis Jacobi, *Schöpfungs- und Entstehungsmythen*, Schaffhausen 1981, S. 41.

[66] *Die Vorsokratiker*, Übersetzung von Wilhelm Nestle, S. 108.

[67] *Corpus Hermeticum*, S. 134.

[68] Ebenda, S. 137 ff.

[69] Ebenda, S. 121-22.

[70] Ebenda, S. 134.

[71] Ebenda, S. 93-94.

[72] Ebenda, S. 94-95.

[73] Quelle: *Upanishaden. Die Geheimlehre des Veda*, 2. Aufl. Wiesbaden 2007, S. 661–678.

[74] *Funken aus kosmischer Flamme*, Graz 1978.

[75] *Die Geheimlehre*, Bd.1, S. 146.

[76] *Die Vorsokratiker*, ausgewählt von Wilhelm Nestle, Wiesbaden 1978, S. 108.

[77] *Die Geheimlehre* III, S. 30.

[78] *Corpus Hermeticum*, S. 95.

[79] W. Beltz, *Die Schiffe der Götter*, S. 22.

[80] *Die großen Mythen der Menschheit / Götter und Dämonen*, München 1990, S. 57.

[81] Platon, *Sämtliche Werke* 4, Hamburg 1958, S. 28 (*Phaidros* 246 d).

[82] Herodot, *9 Bücher zur Geschichte*, Wiesbaden 2004, S. 204 (II,123).

[83] Johann Wolfgang Goethe, *Werke*, Erste Band, Frankfurt 1981, S. 377-78.

[84] *Corpus Hermeticum*, S. 131 -132.

[85] Plotin, *Enneade* IV / 8.

[86] *Corpus Hermeticum*, S. 132.

[87] *Die Vorsokratiker*, ausgewählt und eingeleitet von Wilhelm Nestle, Köln / Düsseldorf 1956, S. 140-41.

[88] *Corpus Hermeticum*, S. 132.

[89] Inge Wedemeyer (Hg.), *Die Goldenen Verse des Pythagoras*, 3. Aufl. Heilbronn 1988, S. 22.

[90] *Corpus Hermeticum*, S. 132.

[91] William Q. Judge, *Das Meer der Theosophie*, 4. Aufl. Hannover 1987, S. 91 / 92.

[92] *Goethes Gedichte in zeitlicher Folge*, 2. Aufl. Frankfurt 1982, S. 230-31.

Seite 180

93 Agrippa von Nettesheim, *Die Magischen Werke*, 4. Aufl. Wiesbaden 1994, S. 13.

94 Ebenda, S. 82-83.

95 Ebenda, S. 289.

96 Giordano Bruno, *Von der Ursache, vom Prinzip und vom Einen*, Leipzig 1984, S. 115.

97 *Corpus Hermeticum*, S. 197

98 Zt. nach Florian Ebeling, *Das Geheimnis des Hermes Trismegistos*, München 2005, S. 49.

99 Corpus Hermeticum, S.

100 *Corpus Hermeticum*, S. 156.

101 Ebenda, S. 156.

102 Ebenda, S. 157.

103 Ebenda, S. 159-60.

104 *Upanishaden – Die Geheimlehre der Inder*, Köln 1877, S. 55.

105 Ebenda, S. 168.

106 *Corpus Hermeticum*, S. 160.

107 *Die Vorsokratiker. Ausgewählt und eingeleitet von Wilhelm Nestle*, Wiesbaden o.J., S. 138.

108 *Corpus Hermeticum*, S. 164.

109 Zt. nach Helmut von Glasenapp, *Indische Geisteswelt*, Bd. 1: *Glaube und Weisheit der Hindus*, Hanau 1986, S. 36.

110 F. Hölderlin, *Hyperion*. In: Sämtliche Werke, Band. 1, München / Wiesbaden o. J. , S. 426.

111 William Q. Judge, *Das Meer der Theosophie*, S. 2.

112 *Goethes Gedichte*, S. 612.

113 *Schellings Werke*, Bd. VII, S. 433.

114 Augustinus, *Der Gottesstaat*, Paderborn 1979, S. 379.

115 Asclepius, *Über den Kult der Götter*, in: *Das Corpus Hermeticum* S. 204.

116 Edouard Schuré, *Die Großen Eingeweihten*, München 1976, S. 113.

117 Novalis, *Im Einverständnis mit dem Geheimnis*, Freiburg 1980, S. 34.

118 *Goethes Gedichte in zeitlicher Folge*, Frankfurt 1982, S. 556.

119 Plotin, *Ausgewählte Schriften*, Stuttgart 1973, S. 232.

Dr. Manfred Ehmer

Dr. Manfred Ehmer hat sich als wissenschaftlicher Sachbuchautor darum bemüht, die großen kulturgeschichtlichen Zusammenhänge aufzuzeigen und die archaischen Weisheitslehren für unsere Zeit neu zu entdecken. Mit Werken wie *Die Weisheit des Westens*, *Gaia* und *Heilige Bäume* hat sich der Autor als gründlicher Kenner der westlichen Mysterientradition erwiesen, mit *Das Corpus Hermeticum* einen Grundtext der spirituellen Philosophie vorgelegt. Die von ihm übersetzten *Chaldäischen Orakel* sind als ein wichtiges Dokument abendländischer Magie zu werten. Daneben steht eigene Dichtung, in dem Band *Sphärenharfe*, sowie lyrische Nachdichtungen etwa des berühmten *Hyperion* von John Keats oder des vedischen *Hymnus an die Mutter Erde*. Besuchen Sie den Autor auf seiner Internetseite:

https://www.manfred-ehmer.net

Der Theophania Verlag stellt sich vor

Theophania bedeutet „die Erscheinung Gottes" (von altgriechisch theós/θεός = Gott + phainein/φαίνειν = erscheinen/ans Licht bringen/offenbaren).

Der Theophania Verlag möchte in seinen Publikationen aufzeigen, in welchen Erscheinungsformen sich Gott oder die Götter in der Menschheits-Geschichte offenbart haben. Die thematischen Schwerpunkte des Verlages sind Hermetik, Neuplatonismus, die westliche Mysterientradition, Theurgie und Theosophie.

Daneben gibt es die Schwerpunkte spirituelle Ökologie, Geomantie, Kultplätze, Traditionen der Naturreligion und der Mutter-Erde-Verehrung in Europa. Einen weiteren Unterschwerpunkt stellen Übersetzungen und lyrische Nachdichtungen dar.

Unsere Buchreihe *edition theophanie* ist in erster Linie der hermetisch-neuplatonischen Tradition geweiht. Sie versucht, dieses gewaltige Erbe des Abendlandes aufzuarbeiten und in die Geisteskultur der Gegenwart einfließen zu lassen.

Dank einer Kooperation mit einem sehr effizienten Dienstleister sind wir in der Lage, den Buchmarkt flächendeckend zu bedienen. Ob im nächsten Buchladen, bei den großen Filialisten oder in Online-Shops, die Bücher aus unserer Produktion sind überall zu finden. Sie sind in den wichtigsten Volltextsuchen und im Verzeichnis lieferbarer Bücher (VLB) angezeigt. Alle Bücher aus unserem Verlagsprogramm sind in den drei Formaten Softcover, Hardcover und E-Book verfügbar.

Wir sind allerdings kein Autorenverlag. Angehende Autoren wollen wir bitten, uns nicht Manuskripte zur Veröffentlichung zuzusenden.

Die Bücher aus unserem Theophania Verlag sind keine Massenprodukte. Ein gediegenes Design, hohes inhaltliches Niveau und kleine Auflagen – das sind die Kennzeichen der Bücher unseres Verlages.

Der Theophania Verlag ist ein Imprint der Firma tredition GmbH, Heinz-Beusen-Stieg 5, 22926 Ahrensburg, Germany.

Buchbestellung:

Unsere Bücher sind auf allen Buch-Onlineportalen erhältlich. Vorzugsweise bestellen Sie jedoch bei

https://shop.tredition.com